갈등은 왜 생길까

우리 사회를 바라보는 올바른 시선 1

갈등은 왜 생길까

조항록 지음

책을 열며

 여러분은 『로빈슨 크루소』를 읽어 봤는지요? 대니얼 디포가 지은 이 소설은 무려 28년에 걸친 한 남자의 무인도 표류를 다루고 있습니다. 로빈슨 크루소의 무인도 생활에는 여러 어려움이 따랐는데, 그중에서도 외로움이 가장 견디기 힘들었지요. 그곳에는 대화를 나눌 상대조차 없었으니까요.
 '인간은 사회적 동물'이라고 합니다. 인간은 홀로 살 수 없으며, 다른 사람들과 이런저런 관계를 맺는 존재라는 뜻이지요. 우리는 세상에 태어나면서부터 한 가정의 구성원이 됩니다. 그리고 자라나면서 학교에 다니고 직업을 갖습니다. 취미가 같은 사람들끼리 동호회를 만들거나, 시민 단체에 가입해 봉사 활동을 펼치기도 합니다. 종교를 갖기도 하고, 정치에 관심이 많아 정당에 가입하는 사람도 있지요.
 그렇게 우리가 삶을 살아가는 모든 곳이 사회입니다. 처음에는 부모님하고만 관계를 맺지만 친척과 친구, 직장 동료 등으로 사회 활동의 범위가 점점 넓어지지요. 그러니까 인간은 사회적 동물이라는 말이 나올 수밖에 없습니다. 이 사회를 구성하는 한 사람으로서 다른 사람들과 소통하며 자신의 행복을 찾는 것입니다.
 그런데 우리가 살아가는 사회가 항상 아름답고 화목한 것은 아닙니다. 숱한 갈등이 생겨나 충돌이 빚어지고는 하지요. 나와 다른 수많은 사람이 서로 얽히고설키다 보니 미움이 싹트기도 하는 것입니다. 때로는 그것이 지나쳐 서로를 혐오하고 비난하지요.

어느 면에서 보면, 우리 사회의 갈등은 피할 수 없는 일입니다. 그만큼 현대 사회가 여러 문제로 복잡하게 뒤엉켜 있기 때문입니다. 내 생각과 상대의 생각이 다르고, 내 이익과 상대의 이익이 정반대인 경우가 흔하지요. 그래서 우리에게는 편견과 선입견 없이 사회의 갈등을 정확히 바라보려는 노력이 필요합니다. 그래야만 사회의 갈등을 줄여 나갈 해법도 찾을 수 있으니까요.

이 책의 원고는 그런 바람으로 쓰기 시작했습니다. 오늘날 우리 사회에서 심각하다고 판단한 14가지 갈등을 뽑아 다양한 이야기를 담았지요. 아마 이 책을 읽고 나면 우리 사회의 갈등을 바라보는 여러분의 시각이 조금은 달라질 것이라고 믿습니다. 그리고 그와 같은 갈등을 해결하려면 어떤 마음가짐을 가져야 하는지도 깨닫게 될 것입니다.

로빈슨 크루소는 자기가 살아온 사회로 돌아갈 희망을 포기하지 않았습니다. 그 사회 속에 있을 때 자신의 삶이 가장 행복하다는 것을 알았기 때문입니다. 우리에게도 이 사회가 그런 의미를 가지면 좋겠습니다. 앞으로 여러분의 역할이 중요합니다.

차례

- 7 　부자와 서민
- 25 　여성과 남성
- 41 　남한과 북한
- 58 　노동자와 자본가
- 75 　영남과 호남
- 91 　기성세대와 신세대
- 108 개발주의와 환경주의
- 128 중소기업과 대기업
- 144 장애인과 비장애인
- 163 단일민족과 다민족
- 180 선진국과 후진국
- 197 크리스트교와 불교
- 213 주역과 단역배우
- 232 타인과 나

부자와 서민

**홀로 모든 것을 이뤄 낼 수는 없다.
주변에 있는 사람들을 부자로 만들어야,
당신도 부자가 될 수 있다.**

_ 앤드루 카네기

'금수저'를 따라잡을 수 없는 '흙수저'

얼마 전부터 우리 사회에 '금수저'·'흙수저'라는 말이 널리 쓰이고 있습니다. 여기서 금수저란, 집안이 부유하거나 부모의 사회적 지위가 높은 사람들을 일컫지요. 그와 달리 흙수저란, 자신의 노력과는 상관없이 부모의 능력이 뒤따르지 못해 어려운 형편에 내몰린 사람들을 가리킵니다. 한마디로 금수저·흙수저란 말은 우리 삶의 질이 어떤 부모에게서 태어나느냐에 따라 결정된다고 보는 안타까운 현실을 담고 있습니다.

여러분은 '개천에서 용 난다.'라는 속담을 들어 본 적 있는지요?

이 말은 주로 불우한 환경이나 능력 없는 부모 밑에서 빼어난 인물이 나올 때 쓰입니다. 이를테면 가난한 집에서 태어났지만 열심히 노력해 남다른 성취를 이루었을 경우, 주위 사람들이 "거 참, 개천에서 용 났군!"이라며 찬사를 보내지요.

지난날 우리나라에는 개천에서 난 용들이 꽤 많았습니다. 작은 시골 마을에서 법관을 배출하거나, 도시 서민 가정에서 대학 입시 수석 합격자가 나오는 일이 드물지 않았거든요. 현대그룹 정주영 창업자가 강원도 농촌에서 소작인의 아들로 태어나 최고의 기

업인으로 성공한 것은 잘 알려진 사실입니다. 노무현 전 대통령은 가난과 특성화고 졸업이라는 한계를 뛰어넘어 판사가 되었고, 나중에는 국가 지도자가 되어 우리 사회의 변화를 위해 많은 노력을 기울였지요. 그 밖에도 수많은 기업인과 법조인, 교육자, 정치가, 스포츠 스타 등이 자신에게 주어진 열악한 환경을 극복해 꿈을 이루었습니다.

그런데 오늘날 우리나라는 개인의 재능과 노력이 그 가치를 제대로 인정받지 못하고 있습니다. 흙수저로 태어난 이상, 아무리 발버둥 쳐도 결코 금수저를 뛰어넘을 수 없다는 절망감이 나쁜 바이러스처럼 넓게 퍼져 있지요. 개인이 굳은 의지로 환경을 극복하기는 어렵고, 환경이 개인의 삶을 일찌감치 결정한다고 보는 것입니다. 그런 사회는 활력을 잃은 채 너나없이 현실에 불만을 갖기 십상이지요.

지금 우리 사회에는 금수저·흙수저 못지않게 '빈익빈 부익부'라는 말도 자주 등장합니다. 시간이 지날수록 가난한 사람은 더 가난해지고, 부유한 사람은 더욱 부자가 된다는 의미지요. 그런 표현에 고개를 끄덕이는 사람이 많은 사회는 절대 건강하지 못합니다. 아무리 노력해도 꿈을 이룰 수 없다면, 누가 의욕적으로 공부하고 일을 하겠습니까?

얼마 전 신문에 다음과 같은 기사가 실렸습니다.

> **News**
>
> 올해 들어 아파트 값이 크게 올랐다. 특히 서울의 경우 아파트 값을 순서대로 나열했을 때, 정중앙에 있는 가격이 9억 원을 넘어섰다. 이 수치는 3년 전과 비교해 3억 원 넘게 오른 것이다. 앞으로 젊은 직장인들의 내 집 마련 꿈이 더욱 어려워질 것으로 보인다.

여러분은 3억이니, 9억이니 하는 돈이 선뜻 실감나지 않지요? 단순히 계산해서, 3억이라면 연봉 3000만 원짜리 직장인이 한 푼도 쓰지 않고 10년을 꼬박 모아야 하는 큰돈입니다. 그러니까 월급쟁이는 아무리 저축해도 빠르게 오르는 아파트 값을 따라잡을 수 없지요. 그와 반대로 이미 집이 있는 사람은 가만히 앉아서 1년에 1억 원에 달하는 돈을 벌게 됩니다. 그야말로 빈익빈 부익부 현상을 잘 보여 주는 사례입니다.

흔히 자본주의* 체제에서는 개인과 기업의 이윤 추구가 당연한 것으로 받아들여집니다. 이윤이란 개인이나 기업이 경제 활동을 해서 거둬들이는 순이익을 말합니다. 그러니까 과정과 방법이 정당하다면, 자본주의 사회에서는 아무리 이윤을 좇아도 도덕적인 비난을 하기 어렵다는 뜻입니다. 하지만 여기에는 함정이 있습니다. 부모가 노력해서 큰돈을 벌어들인 뒤 다음 세대에 물려주면, 그 자식들은 아무런 수고 없이 부자로 살아갈 수 있다는 점입니다. 바로 여기에서 금수저·흙수저를 비롯해 빈익빈 부익부의 갈등이 생겨나는 것이지요. 이것은 우리 사회가 하루빨리 해결해야 할 심각한 문제 중 하나입니다.

---

* 자본주의: 생산 수단을 가진 자본가가 이윤 추구를 하도록 보장하는 사회·경제 체제.

부자의 솔선수범이
필요해요

 사실 부자와 서민의 갈등은 어제오늘의 일이 아닙니다. 그것은 오래전부터 자본주의 체제가 해결해야 할 골칫거리였으며, 인류의 역사적 숙제이기도 했습니다. 돌이켜 보면 자본주의 같은 것이 생겨나기 전인 조선 시대에도 부자의 삶과 가난한 사람의 삶에는 큰 차이가 있었으니까요. 토지를 많이 가진 지주와 손바닥만 한 땅을 개간해 평생 노동해야 먹고살 수 있었던 농부는 삶의 질이 여러모로 다를 수밖에 없었지요. 더구나 자기 것은 하나도 없이 남의 땅을 빌려 농사짓던 소작농을 생각하면 하루하루 끼니를 잇기도 버거웠을 것이 틀림없습니다.
 그렇다면 부자는 더 많이 가지려고 탐욕을 부리고, 가난한 사람은 계속 힘겨운 삶을 살아가는 것이 당연한 일일까요? 여러분은 어떻게 생각하세요?
 결론부터 말하면, 부자와 서민의 갈등은 인간의 양심과 지성으로 충분히 극복할 수 있습니다. 모든 사람이 우리 사회가 함께 어울려 살아가는 공간인 것을 인정하고, 서로를 배려하는 마음을 가진다면 말이지요. 그런 사실을 증명하는 사례를 하나 이야기해 볼까요?

  조선 시대 경주에는 최씨 가문이 300년 동안 큰 부를 이루어 부자로 살았습니다. 다른 사람들은 그 가문을 가리켜 '최 부자 집'이라고 불렀지요. 그들은 정당한 대가를 치르며 마을 사람들을 소작농으로 고용해 곡물의 수확량을 늘렸고, 그 이익으로 더 넓은 땅을 사서 부를 쌓았습니다. 아마 그들의 후손이 그와 같은 방식으로 계속 재산을 불려 갔다면 조선에서 누구도 따르지 못할 최고의 부자가 되었을지 모를 일입니다.

  하지만 최 부자 집의 3대째 후손인 최국선에 이르러 놀라운 변화가 일어났습니다. 그는 재물을 거름과 같다고 생각했지요. 그냥 움켜쥐고 있으면 거름은 쓸모없이 썩은 냄새가 날 뿐이지만, 그것을 이웃과 나누면 세상을 이롭게 할 것이라 믿었습니다. 최국선은 걸인들에게 기꺼이 음식을 나누어 주었습니다. 이웃 농부들이 굶주림에 지친 보릿고개*에는 곳간을 열어 아무 대가 없이 곡식을 내주기도 했습니다. 최 부자 집의 그런 선행은 훗날 독립운동 자금을 대고 대학을 세우면서 재산이 거의 없어질 때까지 12대를 이어 계속됐지요.

  최 부자 집에는 무려 300년에 이르는 긴 시간 동안 대대로 지켜 온 여섯 가지 가르침이 있었습니다. 그 내용을 하나씩 살펴보면 부자가 가져야 할 바람직한 삶의 자세에 대해 이해하게 됩니다.

---

* 보릿고개 : 보리가 익기 직전의 시기. 옛날에는 농촌이 가난하여, 이 무렵 겨울 동안 먹던 묵은 곡식은 떨어지고 보리는 여물지 않아 한동안 굶주림에 시달렸다.

마지막 최 부자로 불리는 최준(오른쪽), 최윤(왼쪽) 형제
ⓒ knowingkorea | Public Domain

'첫째, 진사 이상의 벼슬을 갖지 마라.' 이것은 부를 바탕으로 권력까지 탐하는 것을 경계하는 마음가짐입니다. '둘째, 재산은 만 석 이상 모으지 마라.' 이것은 지나친 재물 욕심을 버리라는 뜻입니다. '셋째, 흉년에는 재산을 늘리지 마라.' 이것은 남의 불행을 이용해 욕심을 채우려 들지 말라는 경고입니다. '넷째, 손님을 잘 대접하라.' 이것은 다른 사람들과 맺는 인연을 소홀히 여기지 말라는 말입니다. '다섯째, 사방 100리* 안에 굶어 죽는 사람이 없게 하라.' 이것은 이웃의 어려움을 모른 척하지 말라는 뜻입

---

* 100리 : 약 39.3킬로미터. '리'는 옛날에 거리를 재던 단위이다.

니다. '여섯째, 최씨 가문의 며느리들은 시집온 후 3년 동안 무명옷을 입게 하라.' 이것은 가문의 모든 사람이 검소한 생활 방식을 몸에 익히라는 의미입니다.

　최 부자 집의 여섯 가지 가르침을 살펴본 여러분의 생각은 어떤가요? 아마도 지금의 부자들이 최 부자 집처럼 살아간다면 분명 많은 사람의 존경을 받게 될 것입니다. 왜냐하면 자신들보다 경제적으로 부족한 사람들을 배려해 이 사회를 좀 더 아름답게 만들려는 마음이 느껴지기 때문입니다.

　하지만 오늘날 경제력 차이에 따른 부자와 서민의 갈등을 어느 한 집안, 또는 어느 한 사람의 선행에 기대어 해결하기는 어렵습니다. 지금은 그와 같은 갈등이 과거보다 워낙 복잡한 이유로 발생하는 까닭입니다. 따라서 사회의 잘못된 구조를 개선하고 가난한 사람들을 위한 안전장치를 마련하지 않으면 문제를 바로잡을 수 없습니다.

부자와 서민의
갈등 해결을 위한 노력

　그렇다면 금수저·흙수저와 빈익빈 부익부 문제를 해결하기 위해 우리 사회는 어떤 노력을 기울이고 있을까요?

　가장 먼저 이야기할 수 있는 것은 '세금'입니다. 여러분이 알다시피, 세금은 국민들이 나라를 유지하고 공동체* 생활을 발전시키기 위해 소득의 일부를 국가에 납부하는 것을 말합니다. 이때 부자일수록 더 많은 세금을 내게 해서 가난한 사람들까지 골고루 그 혜택을 누릴 수 있게 만들지요. 예를 들어 새로운 도로를 내고 지하철을 개통하는 데 드는 엄청난 비용에는 부자들이 낸 세금이 큰 부분을 차지합니다.

　그럼 부자들이 일방적으로 손해를 보는 것일까요?

　그렇지 않습니다. 부자들 역시 세금을 들여 만든 도로로 자기 회사의 상품을 운반해 더 많은 이윤을 얻게 되니까요. 회사 근처에 지하철이 생기면 주변 환경이 빠르게 발전하기도 하고요. 결국 서민들이 상대적으로 적은 세금을 내고 편리한 생활을 하게

＊공동체: 생활이나 행동, 목적 등을 같이하는 집단.

되듯, 부자들 역시 세금을 낸 효과를 톡톡히 보는 것입니다.

따라서 세금에 대한 인식만 올바르게 가져도 부자와 서민의 갈등은 크게 줄어들 것입니다. 부자들은 우리 사회에 노동력을 제공하고 똑같은 납세자*로서 의무를 다하고 있는 서민들을 존중할 필요가 있습니다. 아울러 서민들도 정당하게 돈을 벌어 성실히 세금을 납부하는 부자들의 책임감을 인정할 줄 알아야 합니다.

다음으로 이야기할 수 있는 것은 모든 사회 구성원*에게 '기회'를 주는 것입니다. 부모가 부자인지 가난한지에 따라 기회부터 다르게 주어지는 현실을 가능한 한 바로잡아 보려는 시도를 말하지요. 누구에게나 기회는 공정하게 주어져야 합니다. 그리고 한 걸음 더 나아가 사회적 배려까지 이루어진다면 더할 나위 없이 좋습니다.

예를 들어, 우리나라 대학 입시에는 사회 통합 전형이 있습니다. 이것은 집안이 가난하거나 장애가 있는 학생들을 위해 별도의 대학 입학 기회를 제공하는 것이지요. 아무래도 가난하거나 장애가 있는 학생들은 반대의 경우에 비해 폭넓은 교육 혜택을 받기 어렵습니다. 그럼에도 우리 사회가 그들을 배려하지 않는다면 모든 사회 구성원에게 공정한 기회가 주어진다고 말할 수 없겠지요. 누구든 노력만 하면 자신의 꿈을 이룰 기회를 제공받아

---

* 납세자: 세금을 내는 사람.
* 구성원: 어떤 조직이나 단체를 이루고 있는 사람.

야, 앞으로 우리 사회에서 금수저·흙수저 같은 사회 갈등이 줄어들 것입니다.

　마지막으로 '사회복지'를 완성해야 합니다. 세상에는 열심히 노력해도 자꾸만 가난의 구렁텅이로 빠져드는 사람들이 있습니다. 대한민국이 좀 더 성숙한 나라가 되려면, "가난한 것은 오직 당신들 책임이야!"라며 그들을 모른 척해서는 안 됩니다. 왜냐하면 가난하고 불행한 삶을 살아가는 이웃이 희망을 품을 수 있어야 우리 사회의 행복 지수가 높아지기 때문입니다. 인생을 살아가다 보면 누구나 실패하고 좌절할 수 있습니다. 바로 그런 상황에서 우리 사회가 버팀목이 되어 준다면 얼마나 마음이 든든하겠습니까?

　기초생활수급자 제도는 사회복지 제도의 한 가지 사례입니다. 이것은 너무 가난해서 최소한의 생계마저 위협받는 사람들을 위해 만든 제도지요. 기초생활수급자가 되면 매달 생활비 지원을 비롯해 주택, 의료, 교육 등에서 법률에 따른 몇 가지 혜택을 받게 됩니다. 이것은 가난한 사람이 갈수록 더 가난해져 생계조차 잇지 못하는 최악의 상황을 맞지 않도록 마지막 안전장치가 되고 있습니다. 물론 이런 제도를 지속하기 위해서는 부자들과 자신의 힘으로 살림을 꾸려 가는 서민들의 배려가 필요합니다. 그들이 내는 세금이 사회복지를 이루는 데도 중요한 역할을 하는 것이지요.

　우리 사회에서 빈익빈 부익부라는 말은 사라져야 합니다. 금수저·흙수저라는 표현도 다시는 쓰이지 않으면 좋겠습니다. 그러려면 부자와 서민이 서로의 생각을 살피고, 함께 공감할 만한 사회 구조를 만들기 위해 조금씩 양보해야 합니다.

거북이 같은 '노동 소득', 토끼 같은 '자본 수익'

노동 소득과 자본 수익이라니, 용어부터 어렵지요?

쉽게 설명하면, 노동 소득은 사람이 직접적으로 일을 해서 벌어들이는 돈을 이야기합니다. 회사 직원이 받는 월급과 장사를 해서 벌어들이는 이윤 등이 여기에 포함되지요. 그에 비해 자본 수익은 주식이나 부동산, 상속받은 재산 등으로 얻는 이익을 가리킵니다. 부자들은 대부분 자본 수익으로 재산을 늘리는 경우가 많습니다.

그러므로 '거북이 같은 노동 소득, 토끼 같은 자본 수익'이란 말의 의미는 간단합니다. 아무리 열심히 일해도 이미 여러 형태의 자본을 가진 사람의 재산에는 절대 미치지 못한다는 것이지요. 부모로부터 물려받은 돈에 저절로 이자가 붙거나 부동산 가격이 훌쩍 오르니까 말입니다. 한마디로 노동을 통해서만 돈을 버는 흙수저는 가만있어도 재산이 껑충껑충 늘어나는 금수저를 당해 낼 수 없다는 뜻입니다.

이처럼 노동 소득과 자본 수익을 자세히 비교한 사람은 프랑스 경제학자 토마 피케티입니다. 그는 자신의 책 『21세기 자본』을 통해 부가 한쪽으로 치우치고 세습되는 안타까운 현실을 비판했지요. 이 책은 오늘날 부자와 가난한 사람들 사이에 벌어지는 경제적 불평등의 원인을 날카롭게 꼬집어 베스트셀러가 됐습니다. 무려 40여 개 나라에서 번역 출간되어 250만 부 넘게 팔렸다니 그 인기를 짐작할 만합니다. 그와 같은 사실만 봐도 현대 사회의 경제적 불평등이 매우 심각하다는 것을 알 수 있습니다.

프랑스 경제학자 토마 피케티와 그의 책 『21세기 자본론』
ⓒ Sue Gardner/wikimedia commons

한 걸음 더 ②

부자의 양심과 책임감, 노블레스 오블리주

　로마 시대 초기에는 왕과 귀족들이 높은 도덕성과 솔선수범하는 지도자의 자세를 갖춰 제국의 기반을 다졌다고 합니다. 노블레스 오블리주는 그 시대에서 유래된 용어인데, 사회적 신분이 높을수록 그만한 도덕적 의무를 져야 한다는 뜻으로 쓰입니다.

　우리나라에서 대표적인 사례로 손꼽을 만한 인물은 일제강점기에 유한양행을 창업한 유일한입니다. 그는 사업으로 쌓은 부를 적극적으로 사회에 환원했지요. 자식이 아닌 전문 경영인에게 회사를 물려준 선구자적 인물이기도 합니다. 또한 그는 일찍이 직원들에게 회사 주식을 나눠 주어 이익을 함께했으며, 후손에게 유산을 남겨 주는 대신 학교를 짓고 독립운동을 지원했습니다. 그런 모든 일은 오늘날의 기업들에도 충분히 모범이 될 만합니다. 그것은 평소 유일한이 "기업은 사회의 것"이라는 신념을 갖고 있었기 때문에 가능했지요.

　최근에는 마이크로소프트 창업자 빌 게이츠가 노블레스 오블리주를 실천하는 부자로 주목받고 있습니다. 그는 아내와 함께 공익 재단을 만들어 아프리카 사람들을 위한 에이즈 치료제 개발과 공급에 엄청난 돈을 쏟아

부었지요. 그뿐 아니라 "부자들은 지금보다 더 많은 세금을 내야 한다. 나를 포함해서."라며 재산의 90퍼센트를 죽기 전에 기부하겠다고 선언했습니다. 세 명의 자식에게는 유산의 0.02퍼센트만 물려주겠다고 덧붙였지요. 빌 게이츠가 이미 지난 20년 동안 기부한 금액만 해도 350억 달러에 달한다니, 그의 사회적 책임감에 찬사를 보낼 수밖에 없습니다.

공익 재단을 만든 마이크로소프트 창업자 빌 게이츠
ⓒ DFID/wikimedia commons

학교를 짓고 독립운동을 지원한 유한양행 창업자 유일한 박사
ⓒ 유한양행

여성과 남성

'차이'는 인정한다. '차별'에는 도전한다.

_ 박웅현

남자로 만들어지거나, 여자로 만들어지거나

몇 년 전, 국가인권위원회에서는 양성평등의 관점에서 초·중학교 교과서를 분석했습니다. 그 결과 우리가 좀 더 세밀하게 관심을 기울여야 할 문제점을 확인하게 됐지요. 그것은 초·중학교 교과서가 여성과 남성의 성 역할에 대해 편견을 드러내고 있다는 사실입니다. 교과서 속의 삽화들만 살펴봐도 그런 점을 쉽게 확인할 수 있지요.

이를테면 가족이 둘러앉아 과일을 먹는 장면에서 모든 준비는 엄마의 몫으로 그려졌습니다. 다른 식구들은 편안히 앉아 과일을 먹기만 하면 되지요. 물론 그 삽화를 보면서 가족을 사랑하는 엄마의 마음을 떠올릴 수 있습니다. 하지만 자라나는 학생들에게 과일 깎는 역할이 당연히 엄마의 몫으로만 받아들여지게 된다면 문제가 있는 것이지요.

그뿐 아니었습니다. 의사나 판사는 대부분 남자로 그리고, 간호사나 기상 캐스터는 여자로 그려 놓은 사례도 있으니까요. 기업에서 상품을 개발하고 생산하는 사람은 남자, 마트에서 쇼핑하는 사람은 여자로 표현한 경우도 적지 않았고요.

여러분은 프랑스 작가 시몬 드 보부아르라는 이름을 들어 본 적 있는지요?

그는 20세기 중반의 프랑스 문단을 대표하는 작가 중 한 사람입니다. 소설가이자 시민운동가*로 활동했는데, 여성에 관한 이야기를 담은 『제2의 성』을 펴내 큰 화제를 불러일으켰지요. 이 책에는 '여자는 태어나는 것이 아니라 만들어진다.'라는 유명한 문장이 들어 있습니다. 이 말은 '여성다움'에 대한 사회의 편견과 선입견이 여자라는 생물학적 차이를 넘어 성차별에 이르게 하는 현실을 비판한 것이지요. 우리나라의 초·중학교 교과서 역시 남성과 여성의 성 역할을 고정한다는 점에서 시몬 드 보부아르의 충고에 귀 기울일 필요가 있습니다.

그럼 여러분의 어린 시절을 한번 돌아볼까요?

여러분은 어렸을 적에 어떤 색깔을 좋아했나요? 또 주로 어떤 장난감을 갖고 놀았나요?

해마다 기념일이 되면, 아마도 대부분의 여자 어린이들은 인형이나 소꿉놀이 장난감을 선물 받았을 겁니다. 옷과 신발, 학용품 중에는 분홍색이 유난히 많았을 테고요. 그와 달리 남자 어린이들은 흔히 축구공이나 장난감 총을 선물 받았겠지요. 그 색깔은 파란색 계열이 많았을 것이 틀림없습니다.

물론 여자 어린이가 좋아하는 색깔과 남자 어린이가 좋아하는

---

* 시민운동가: 시민의 입장에 서서 여러 가지 사회 운동을 하는 사람.

『제2의 성』을 쓴 20세기 중반 프랑스의 대표 작가 시몬 드 보부아르
ⓒ wikimedia commons | Public Domain

색깔이 다를 수 있습니다. 남자 어린이는 축구공을 좋아하고, 여자 어린이는 인형을 좋아할 수 있지요. 하지만 모든 사람이 그런 것은 절대 아닙니다. 어떤 남자 어린이는 인형 놀이를 좋아할 수 있고, 어떤 여자 어린이는 축구 시합을 하고 싶어 할 수도 있습니다.

그런데 우리 사회가 개인의 취향을 살피지 않고 무조건 여자인지, 남자인지에 따라 색깔과 장난감을 강요한다면 어떻게 될까요? 그런 분위기의 사회에서는 축구 좋아하는 여자 어린이와 인형 놀이 좋아하는 남자 어린이가 불행하게 됩니다. 남자가 분홍색을 좋아하고 여자가 파란색을 좋아하면, 도대체 무슨 문제가 있는 것일까요? 성별에 따른 편견과 선입견으로 개인의 취향을 무시하는 것은 분명 잘못된 일입니다.

'여자는 태어나는 것이 아니라 만들어진다.' 시몬 드 보부아르의 이 문장은 단지 여성에게만 적용되는 것이 아닙니다. '남자는 태어나는 것이 아니라 만들어진다.'라고 해도 틀린 말이 아니지요. 남성이든 여성이든 사회가 고정된 성 역할을 강요하면 개인의 삶이 불행해질 수 있습니다.

차별받으면
행복하지 않아요

　장래 희망이 국군 장교인 어린이들은 대부분 사관학교에 가고 싶어 합니다. 사관학교 생도가 되면 국가의 다양한 지원을 받고, 졸업과 동시에 소위 계급장을 달게 되지요. 고등학교 과정을 마친 수험생이라면 남자든 여자든 사관학교에 자유롭게 진학할 수 있습니다.
　하지만 지금은 당연하게 받아들여지는 그런 상식이 20여 년 전만 해도 불가능한 일이었습니다. 1997년이 되어서야 공군사관학교에 여성의 입학이 처음 허용됐기 때문입니다. 육군사관학교는 그보다 늦은 1998년, 해군사관학교는 1999년부터 여성이 입학할 수 있게 됐지요. 당시 육군사관학교의 경우 개교 60여 년 만에 처음 여성을 받아들인다고 해서 뉴스에 크게 보도될 정도였습니다.
　사관학교에 여성 입학이 허용되기 전, 우리 사회는 군대를 남성의 영역으로만 인정했습니다. 소수의 여성 군인이 있었지만 간호 업무 등에 한정될 뿐이었지요. 그러나 오늘날에는 계급장에 별을 단 여성 장군이 여럿 탄생했고, 특수부대에도 진출해 남성 못지않은 활약을 펼치고 있습니다.

단지 군대뿐만 아니라, 과거에 비해 여성의 사회 진출은 여러 방면으로 확대됐습니다. 여러분은 '암탉이 울면 집안이 망한다.'라는 속담을 알고 있나요? 이 말에는 남성과 집안을 위해 여성이 무조건 희생해야 한다는 잘못된 사고방식이 담겨 있습니다. 여성을 남성과 동등하게 존중받아야 할 사회 구성원으로 보지 않은 것이지요. 그래서 옛날에는 여성에게 순종을 강요했고, 교육의 기회도 거의 주어지지 않았습니다.

　그러나 최근 통계청* 자료에 따르면 지난날과는 많은 것이 달라졌습니다. 여성의 대학 진학률이 남성보다 높아졌고, 행정부* 공무원 중 여성의 비율이 절반을 넘게 됐지요. 나아가 주요 기업의 여성 관리자 비율도 꾸준히 높아져 20퍼센트에 이르게 됐고요. 요즘은 각종 시험에서 여성 합격자가 더 많고, 수석 합격자까지 여성이라는 사실이 더는 화제가 되지 않습니다.

　그렇다면 우리 사회는 양성평등을 이루게 된 것일까요?

　이 물음에 자신 있게 "그렇다."라고 대답하기는 어렵습니다. 여성에게는 아직도 '유리 천장'이 남아 있기 때문입니다. 유리 천장이란, 충분한 능력을 갖춘 여성의 지위를 회사 등에서 일정 수준 이상 오르지 못하게 하는 '보이지 않는 장벽'을 뜻하는 표현입니다. 실제로 우리 사회의 여러 분야에서는 여전히 여성이라는 이유만으로 자신의 능력을 제대로 평가받지 못하는 일이 발생하지

---

* 통계청: 국가의 통계 업무를 계획하고 처리하는 행정 기관.
* 행정부: 행정을 맡아보는 국가 기관.

요. 형식적으로는 여성에 대한 차별이 거의 사라졌지만, 그 내용 면에서는 개선해야 할 점이 많다는 말입니다.

그런데 성차별 문제는 여성에게만 피해를 주는 것이 아닙니다. 여러분은 "남자가 그것도 못해?"라거나 "남자는 우는 게 아니야!" 같은 말을 들어 본 적 있나요? 어쩌면 그런 말을 직접 해 본 어린이도 있을지 모르겠군요.

그와 같은 표현은 듣는 이에게 폭력을 행사하는 것과 다름없습니다. 때로는 편견의 말이 육체적 폭력보다 더한 고통을 안겨 주지요. 남자라고 해서 모두 힘이 세고 고장 난 기계도 척척 고칠 줄 알아야 하나요? 남자라고 해서 슬픈 영화를 보고 감정을 드러내 눈물을 흘리면 부끄러운 건가요? 여자가 언제나 나약한 존재가 아니듯 남자도 항상 강인할 수는 없습니다. 여자라서 나약한 것이 아니라 모든 인간이 때로는 나약해지는 것입니다. 남자라서 강인한 것이 아니라 인간에게는 의지와 용기가 있는 것입니다.

남자가 남자라는 이유로, 여자가 여자라는 이유로 차별받으면 안 됩니다. 여성과 남성의 구분 이전에 우리는 똑같은 인간으로 태어났기 때문입니다. 남성과 여성은 어울려 함께 일하고, 함께 나라를 지키며, 함께 가정의 행복을 일궈 가야 합니다.

차이는 이해하고
차별은 바로잡기

 세상의 모든 차별주의자는 상대를 비난하기 바쁩니다. 그럴수록 갈등이 심해져 우리 사회가 엉망진창이 되는 것에는 신경 쓰지 않습니다. 한 번쯤 상대방 입장에 서서 요모조모 따져 보는 아량과 슬기가 그들에게는 부족합니다.
 남성과 여성이라는 단순한 이유로 상대를 비난하는 사람들은 하나만 알고 둘은 모릅니다. 자신의 엄마가 여성이고, 자신의 아빠가 남성이라는 사실을 그들은 잊은 듯합니다. 그들은 알아야 합니다. 자기가 비난하는 여성에는 자신의 누이와 딸이, 자기가 욕하는 남성에는 자신의 오빠와 아들도 포함된다는 사실을 말입니다.
 그리고 우리 사회는 여성 또는 남성이라는 이유만으로 차별받거나 소외당하지 않게 합리적인 제도를 만들어야 합니다. 지난날 우리는 가부장 문화* 속에서 별다른 비판의식 없이 성차별을 받아들였습니다. 그 결과 수많은 여성이 마음껏 자신의 꿈을 펼칠 기회조차 얻지 못했습니다. 살림하고 아이를 키우는 것은 어

---

* 가부장 문화: 가장이 강력한 권한을 가져 가족을 지배하고 통솔하는 문화.

떤 사회생활 못지않게 가치 있는 일이지만, 그들에게는 다른 삶을 선택할 자유가 주어지지 않았습니다. 남성은 남성대로 지나치게 무거운 책임감에 평생 짓눌려 살아야 했고요.

다행히 최근에는 여성의 사회 활동을 돕는 다양한 제도들이 만들어지고 있습니다. 그중 한 가지 사례로 '여성 할당제'를 이야기할 만합니다. 이것은 정치·경제를 비롯해 교육과 고용 분야 등에서 일정 부분 여성의 몫을 보장하는 제도입니다. 지금까지 개선된 점이 많기는 해도, 아직 여성의 사회 진출이 부족하다고 느껴져 만들어진 것이지요.

그런데 여기에서 또 다른 문제가 발생했습니다. 여성 할당제 탓에 남성들이 역차별*을 받는다는 이야기가 나오는 것입니다. 성별 이전에 능력이 우선시돼야 한다는 점에서는 그런 비판이 타당합니다. 게다가 대한민국 남자는 군대에 다녀와야 하는데, 여자에게는 왜 그런 의무가 없느냐는 불평도 들려옵니다. 따라서 여성 할당제보다는 '양성평등채용목표제*'라는 제도가 더욱 바람직하다는 의견에 주목할 필요가 있습니다. 이 제도는 여성이든 남성이든 지나치게 한쪽 성별로 치우치는 불평등을 막는 데 도움이 될 것으로 보입니다.

---

* 역차별: 차별받는 쪽을 보호하기 위해 만든 제도가 너무 강해 오히려 반대쪽이 차별받는 경우.
* 양성평등채용목표제: 성별에 따른 불균형을 낮추기 위해 채용 비율을 정해 둔 제도. 예를 들어 공무원 시험에서 남성이든 여성이든 어느 한쪽의 합격자가 70퍼센트를 넘을 수 없다.

다만 "여성이 피해자니까 무조건 배려해!"라거나 "남자들이 군대 가니까 여자들도 군대 가라!"는 식의 요구는 옳지 못합니다. 여성은 역차별이라고 느낄 수 있는 남성을 합리적으로 설득하는 노력을 기울여야 합니다. 그동안 성차별은 남성에게도 나쁜 영향을 적잖이 미쳤기 때문입니다. 아울러 남성은 자신들이 고생을 겪었으니 여성도 똑같이 당해 보라고 해서는 안 됩니다. 그보다는 하루빨리 평화로운 세상이 되어 남자들도 군대의 굴레에서 벗어나는 날을 기대하는 편이 낫습니다.

여성과 남성은 분명히 생물학적인 차이가 있습니다. 겉으로 보이는 모습뿐만 아니라 염색체* 자체가 다르지요. 하지만 그 차이가 같은 인간이라는 공통점을 뛰어넘을 수는 없습니다. 여성과 남성으로 구분하기 전에, 누구나 인간으로서 보장받아야 할 존엄성*이 있다는 점을 명심해야 합니다.

남성과 여성의 차이는 틀림없이 존재합니다. 그런 차이가 있어서 우리 사회가 좀 더 다양한 아름다움을 보이게 되는 것입니다. 서로의 차이를 긍정적으로 받아들이면 서로를 이해하게 됩니다. 진심으로 서로를 이해하면 차별이 사라집니다. 결국 우리에게 중요한 것은 남녀의 구별보다 같은 시대를 함께 살아가는 인간으로서 서로를 존중하는 마음가짐입니다.

---

* 염색체: 세포의 성장과 생존 등에 필요한 모든 정보를 지니고 있는 유전자 집합체.
* 존엄성: 개인은 누구나 윤리적으로 존중받고 대우받을 권리를 타고났다는 의미.

선거권으로 살펴보는 여성 차별의 역사

　인류의 역사를 자세히 살펴보면 뜻밖의 사실에 당혹감을 느낄 때가 있습니다. 여성의 참정권 문제도 마찬가지입니다. 참정권이란, 국민이 직접 또는 간접적으로 정치에 참여할 수 있는 권리를 말하지요.

　여러분은 인류의 절반을 차지하는 여성이 언제부터 자유롭고 평등하게 선거에 참여했다고 생각하나요? 민주주의의 발상지로 알려진 고대 그리스는 여성과 노예의 정치 참여를 인정하지 않았습니다. 그렇다면 중세를 지나 적어도 근대에 이르러서는 여성에게 참정권을 부여하지 않았을까요? 그 무렵 여성이 국민과 시민의 대표자로 나서지는 못했더라도, 최소한 투표를 할 수 있는 선거권은 주어지지 않았을까요?

　놀랍게도, 그런 추측은 완전히 틀렸습니다. 여성에게 선거권이 처음 주어진 시기는 1890년이었습니다. 미국 와이오밍주가 가장 먼저 그와 같은 결정을 내렸는데, 여성의 선거권이 미국 전역으로 확대된 해는 그 후 30년의 세월이 더 지난 1920년이었지요. 일찍이 민주주의를 실현한 미국에서 겨우 100여 년 전에야 여성에게 선거권을 주었다니 선뜻 이해되지 않습니다.

　오히려 미국 와이오밍주 다음에 1893년 뉴질랜드, 1902년 오스트

레일리아, 1906년 핀란드 등이 먼저 여성의 선거 참여를 허용했습니다. 그리고 미국의 뒤를 이어 영국은 1928년, 프랑스는 1944년, 일본은 1945년, 스위스는 1971년이 되어서야 여성에게도 남성과 같은 선거권을 주었지요. 오늘날 자유와 평등의 이미지를 대표하는 나라들이 그처럼 뒤늦게 여성의 선거권을 인정했다니, 양성평등의 역사가 얼마나 짧은지 실감하게 됩니다. 참고로, 우리나라는 광복 후 1948년 만든 헌법에서부터 남녀의 평등한 참정권을 보장했습니다.

선거권을 얻기 위해 노력했던 100여 전 미국 여성들의 모습
ⓒ wikimedia commons ㅣ Public Domain

'페미니즘'이 궁금해?

　인류는 대부분 오랜 세월 동안 남성 중심의 역사를 살아왔습니다. 그러다 보니 여성은 성차별의 희생양이 되는 경우가 많았지요. 남성 또한 성 역할에 대한 편견 때문에 적지 않은 고통을 겪었지만 여성에 비할 바는 아니었습니다. 그런 현실을 배경으로 19세기 들어서서 시작된 사회 운동이 페미니즘이지요. 이것은 사회 각 분야에서 여성의 차별을 없애려는 적극적인 움직임이라고 할 수 있습니다.

　영국과 미국을 중심으로 한 초기 페미니즘은 우선 여성의 정치 참여를 위해 노력했습니다. 그 결과 두 나라에서는 1920년대 들어 여성이 참정권을 갖게 됐지요. 그 후 페미니즘은 사회에 폭넓게 퍼져 있던 여성 차별의 제도와 문화를 개선하기 위해 활발한 움직임을 보였습니다. 바로 이 시기에 앞서 설명한 시몬 드 보부아르의 『제2의 성』이 출간돼 큰 영향을 끼쳤지요.

　페미니즘은 여성에 대한 잘못된 생각을 바꾸는 데 중요한 계기가 됐습니다. 여성의 정치 참여를 가능하게 했고, 교육의 기회를 넓혔으며, 경제 활동에도 동참할 수 있게 만들었지요. 그리고 이제 페미니즘은 단지 여성을 위한 운동에 그치지 않고 있습니다. 오늘날의 페미니즘은 성별을 뛰어넘어 개인의 다양성을 인정하고 인권 보호를 강화하는 사회 운동으로 발전하는 중입니다.

남한과 북한

'좋은 전쟁'은 없다. '나쁜 평화'도 없다.

_ 벤저민 프랭클린

남북 분단이 가져온 크나큰 슬픔

2018년 여름, 남북 이산가족 상봉 행사가 북한의 금강산호텔에서 열렸습니다. 60년이 훌쩍 넘도록 남과 북으로 갈라져 얼굴조차 보지 못했던 부모 형제가 오랜만에 만난 것입니다. 지난 2000년부터 본격적으로 이산가족의 만남이 시작된 뒤 스물한 번째 맺은 결실이었습니다. 오랜 세월 동안 헤어져 그리움을 안고 살아야 했던 가족들은 한데 뒤엉켜 엉엉 울었지요.

"엄마, 저 알아보시갔어요? 둘째 아들 철구야요!"

"그래, 네가 정말 철구냐? 아이고, 철구야! 보고 싶었다, 보고 싶었어……."

아흔 살 넘은 어머니는 어느새 노인이 되어 버린 아들을 부둥켜안았습니다. 일곱 살에 집을 떠났던 아들은 주름살 가득한 얼굴로 꿈에 그리던 어머니를 다시 만났지요. 안타까운 사연은 그뿐 아니었습니다.

"여보, 내가 금방 돌아오겠다고 한 약속을 못 지켜 미안하오."

"이제 와 무슨……. 이렇게 만났으니 됐시오."

행사장 한쪽에서는 오래전 혼례를 치른 부부가 60여 년 만에 두

오랜 세월 헤어져 살아오다
이산가족 상봉 행사에서 드디어 만난 남과 북의 가족들
ⓒ Divided Families Foundation/wikimedia commons

 손을 마주 잡았습니다. 갓 피어난 꽃처럼 화사했던 부부는 80대 노인으로 변해 있었지요. 두 사람의 눈에서는 쉴 새 없이 눈물이 흘러내렸습니다.
 하지만 그들의 만남은 오래가지 못했습니다. 2박 3일의 만남을 끝으로 또다시 긴 이별을 해야 했으니까요. 그래도 그들은 운이 좋은 편이었습니다. 남북 분단으로 무려 1000만 명의 이산가족이 생겨났으니, 그처럼 짧은 만남조차 갖지 못한 사람들이 무수히 많았거든요.
 오늘날 대한민국은 전 세계에서 유일한 분단국가입니다. 제2차 세계대전이 끝나고 이런저런 이유로 갈라졌던 나라들은 속속 통일을 이루었지요. 서독과 동독으로 나뉘어 대립하던 독일도 1990년 통일에 성공했고요.

이 땅의 남북 분단은 공교롭게도 1945년 광복과 함께 시작됐습니다. 당시 한반도를 점령하고 있던 일본의 무장을 해제한다는 명분으로 북위 38도* 남쪽에는 미국 군대가, 북쪽에는 소련* 군대가 들어왔지요. 그리고 얼마 지나지 않아 소련은 북한에 사회주의* 정권을, 미국은 남한에 자본주의 정권을 세우는 데 앞장섰습니다. 두 강대국은 각각 김일성과 이승만을 앞세워 자신들의 야심을 실현했지요. 그 바람에 가장 큰 피해를 본 것은 광복의 기쁨에서 미처 헤어나지 못한 이 땅의 백성들이었습니다. 그와 같은 남과 북의 대립은 곧 한국전쟁으로 이어졌고, 분단의 아픈 현실은 더욱 단단히 굳어지고 말았으니까요.

미국과 소련이 자기들 마음대로 이 땅을 두 쪽으로 나눴을 때 사람들은 선뜻 그 심각성을 깨닫지 못했습니다. 광복 직후의 혼란이 잦아들면 미국과 소련 모두 한반도에서 떠날 것이라고 믿었지요. 하지만 그런 예상은 빗나갔습니다. 그것은 강대국의 속성

---

* 북위 38도: 적도를 0으로 하여, 북쪽으로 38도의 위도. 지구 위의 위치를 나타내는 좌표 중 가로로 된 것을 위도, 세로로 된 것을 경도라고 함.
* 소련: '소비에트 사회주의 공화국 연방'의 줄임말. 러시아를 중심으로 유럽 동부와 아시아 북부에 걸쳐 있던 사회주의 국가.
* 사회주의: 사유 재산을 부정하고 생산 수단의 개인 소유를 금지해 자본주의의 문제점을 극복하려는 사상. 구체적으로 살펴보면 공산주의와 차이가 있지만, 일반적으로는 비슷한 의미로 쓰임.

을 모르는 순진한 기대였을 뿐입니다.

  사람들은 한동안 분단 상태가 오래가지 않으리라 생각했습니다. 처음에는 남과 북의 왕래 역시 철저히 금지되지는 않았지요. 그러다 보니 남과 북으로 가족들이 헤어지는 경우가 생겨났습니다. 그들은 언제든 마음만 먹으면 가족을 다시 만나게 되리라 믿어 의심치 않았지요. 그러나 1950년에 일어난 한국전쟁이 가까스로 3년 만에 막을 내리자 상황은 완전히 달라졌습니다. 남과 북 사이에 더욱 삼엄한 대립이 시작된 것입니다. 한국전쟁 무렵 부모 형제와 헤어진 수많은 사람은 그때부터 긴 세월 동안 이산가족의 고통으로 몸부림칠 수밖에 없었습니다.

많은 갈등이 있었지만,
이제 그만 싸워요

여러분, 한국전쟁이 "끝났다."라고 말할 수 있을까요?

1953년 7월 27일 정전 협정 이후, 3년 동안 이어진 전쟁은 마침표를 찍었습니다. 정전은 싸움의 당사자들이 합의해 일시적으로 전투를 중단하는 것을 뜻하지요. 정전 상황이 협상을 통해 공식적으로 선언되면 휴전 단계로 접어들게 됩니다. 당시 한국전쟁의 당사자들은 전쟁이 확실히 끝났다는 종전 선언까지는 이르지 못한 채 정전 협정을 맺었지요. 따라서 지금은 전투를 쉬고 있는 휴전 상태일 뿐입니다.

그래서일까요? 북한이 정식 명칭으로 정한 조선민주주의인민공화국은 지난 70년 동안 대한민국과 숱한 충돌을 빚어 왔습니다. 1968년 무장 공비를 보내 청와대를 습격했고, 1983년에는 미얀마를 방문한 우리나라 대통령을 살해하기 위해 폭탄 테러를 일으키기도 했지요.

그 후 1999년과 2002년에는 연평도와 가까운 바다에서 북한의 기습 공격으로 전투가 발생해 전쟁의 위기감이 감돌았습니다. 또한 북한은 2010년 천안함 피격과 연평도 포격 사건을 일으켜 우리를 깜짝 놀라게 하는 등 도발을 멈추지 않았지요. 그처럼 큰 사건들만 일어났던 것이 아닙니다. 지금까지 북한의 정전 협정 위반 횟수가 무려 42만 5000건에 달한다는 통계가 있을 정도니 놀라울 따름이지요. 그러므로 한국전쟁이 완전히 끝났다는 표현에 동의하지 못하는 의견도 있는 것이 사실입니다.

그렇다면 대한민국과 북한은 항상 갈등 상황에 놓여 있었을까요? 양쪽의 정치 지도자들은 평화를 가져오기 위해 아무런 노력도 하지 않았을까요?

그렇지는 않습니다. 가끔 진정성을 의심할 만한 일이 벌어지기는 했지만, 심각한 갈등을 해결하려는 시도가 전혀 없었던 것은 아닙니다. 비록 드물지만, 서로에게 위기가 닥쳤을 때 민간 차원의 교류로 도움을 주고받기도 했습니다.

한국전쟁 이후 1972년이 돼서야 대한민국과 북한은 정치인들끼리 본격적인 만남을 가졌습니다. 그때 우리 민족이 단결해 자주적이고 평화적으로 통일을 이루자는 공동성명*까지 발표했지요. 하지만 금방이라도 통일될 것 같던 분위기는 순식간에 가라앉았습니다. 그 대신 이런저런 갈등이 빚어져 오히려 남북 관계가 악화됐지요. 1984년 대한민국에 큰 물난리가 났을 때 북한에서 식량 지원을 했고 우리도 여러모로 북한을 도왔지만, 잦은 충돌 탓에 별로 긍정적인 영향을 미치지 못했습니다.

---

* 공동성명: 국가 사이에 협상이나 합의가 이뤄진 후, 그 과정과 결과를 공개적으로 발표하는 것.

그러다가 2000년이 되어서야 남북 정상이 직접 만나는 획기적인 변화가 일어났습니다. 대한민국 김대중 대통령과 조선민주주의인민공화국 김정일 위원장이 평양에서 첫 정상 회담을 가졌지요. 그 뒤 2019년 문재인 대통령과 김정은 위원장의 만남까지 남북 지도자 사이에는 모두 다섯 차례 정상 회담이 이루어졌습니다. 그 가운데 다섯 번째 만남에는 미국 대통령도 함께 자리해 또 다른 의미가 있었지요. 그와 같은 남북 정상의 만남은 앞으로 더 자주 실현돼 평화와 통일을 앞당기는 데 중요한 역할을 할 것으로 기대됩니다.

이 세상에는 여러 종류의 갈등이 있습니다. 그런데 그중에서도 국가 간의 갈등은 돌이킬 수 없는 비극을 가져올 가능성이 큽니다. 지난 역사를 살펴봐도 국가 간의 갈등이 전쟁으로 확대되는 사례가 매우 많았습니다. 그때마다 하루하루 평범한 일상을 살아가는 사람들의 피해가 가장 컸지요. 더구나 그 전쟁이 한국전쟁처럼 같은 민족 사이에 벌어지는 것이라면 무엇과도 비교하기 힘든 슬픔을 느끼게 됩니다. 그러므로 남북이 지난날의 갈등과 충돌을 반성하고 평화를 위해 협력하는 것은 매우 중요한 과제입니다.

통일에 대한 걱정과 기대

〈우리의 소원〉이라는 노래가 있습니다. 그 가사는 '우리의 소원은 통일 / 꿈에도 소원은 통일 / 이 정성 다해서 통일 / 통일을 이루자 / 이 겨레 살리는 통일 / 이 나라 살리는 통일 / 통일이여 어서 오라 / 통일이여 오라.'로 되어 있지요.

어때요, 여러분도 잘 알고 있는 노래지요? 〈우리의 소원〉은 1947년에 만들어져 통일을 염원하는 우리 민족의 애창곡으로 널리 불려 왔습니다. 많은 사람이 이 노래를 합창하며 진심으로 통일을 기원했지요. 그만큼 통일은 오랜 세월 동안 남북으로 분단된 우리 민족의 가장 큰 소망이었습니다.

그런데 최근 대한민국에서는 통일에 대한 관심이 점점 줄어드는 듯합니다. 나아가 통일에 대해 부정적인 의견을 갖는 사람들도 제법 나타나고 있습니다. 왜 그런 현상이 벌어지는 것일까요?

무엇보다 큰 이유는 남북 분단이 너무나 오랫동안 이어지고 있기 때문입니다. 이제 이산가족의 아픔을 간직한 분들은 대부분 80~90대 노인이 되었지요. 젊은 사람들은 북한에 대한 그리움이 없으며, 자연스럽게 대한민국과 북한을 별개의 국가로 받아들이기도 합니다. 그러니 통일을 향한 절실한 마음이 별로 없는 것이지요.

또 다른 이유는 통일 이후의 혼란을 걱정하기 때문입니다. 실제로 1990년 통일한 독일은 적지 않은 후유증을 겪었습니다. 서독과 동독 주민이 45년 남짓 다른 체제에서 살다 보니 생활 방식에 많은 차이가 생긴 탓이었지요. 우리도 언젠가 통일이 되면 한동안 그와 같은 혼란에 빠질 가능성이 높습니다. 남한과 북한 사이의 경제력 차이가 워낙 크고 사고방식도 달라졌으니, 어떻게 보면 당연한 과정이라고 볼 수 있습니다.

여러분은 혹시 '어김다리'가 무엇을 뜻하는지 알고 있나요? '건건이'와 '오목샘', '위생실'은요? 어김다리는 북한에서 육교를 가리키는 말입니다. 건건이는 반찬, 오목샘은 보조개, 위생실은 화장실을 일컫지요.

이처럼 남한과 북한은 짧지 않은 분단의 시간 동안 여러모로 달라졌습니다. 일상생활에서 사용하는 평범한 말들이 이 정도니, 사회 곳곳의 모습은 아예 다른 나라처럼 변했을지 모릅니다. 그러므로 통일 이후의 혼란을 걱정하는 것도 무리는 아니지요. 게다가 대한민국 국민의 입장에서는 지금보다 세금을 더 거둬 북한 사람들을 도와야 한다는 부담도 있습니다.

그렇다면 통일을 하지 않는 편이 나을까요?

앞서 이야기한 몇 가지 걱정거리에도 불구하고, 분명 많은 사람은 통일을 바랍니다. 분단 이후 남북은 여러모로 달라졌지만, 여

전히 닮은 점이 훨씬 많은 같은 민족이기 때문입니다. 원래 하나의 나라에서 살던 사람들이니 다시 하나의 나라로 합치는 것은 자연스러운 일이기도 합니다. 또한 실리 면에서도 통일은 장점이 아주 많습니다. 대한민국의 저력에 북한 지역의 자원과 노동력이 더해지면, 우리나라는 세계 속의 강국으로 발전할 수 있습니다.

 하지만 통일로 가는 길은 간단하지 않습니다. 아직도 남한과 북한 사이에 전쟁의 위험이 사라지지 않았으며, 이런저런 이익과 자존심을 건 다툼이 계속되고 있으니까요. 그와 같은 여러 문제를 극복하고 통일을 이루려면 남한과 북한이 모두 변해야 합니다. 훨씬 더 잘살고 민주주의까지 이룬 대한민국은 북한을 향해 포용력을 보일 필요가 있습니다. 북한은 남한이 이룬 성취를 인정하고 진심 어린 자세로 마음의 빗장을 열어야 합니다. 그러다 보면 외세와 이념* 때문에 두 동강 났던 이 땅이 다시 하나의 공동체로 함께하게 될 것입니다.

---

* 이념: 역사와 사회를 바라보는 시각을 담은 사상.

한 걸음 더 ①

'자본주의'와 '공산주의', '민주주의'를 설명하는 상황극

사회 수업 시간에 선생님이 학생들에게 질문하셨습니다.

"우리나라는 민주주의 국가란다. 나라의 일을 최종적으로 결정하는 주권이 국민에게 있고, 국가의 권력도 국민에게서 나오지. 그럼 민주주의와 반대되는 체제는 무엇일까?"

선생님의 말씀이 끝나자마자 한 학생이 번쩍 손을 들었습니다.

"선생님, 민주주의의 반대는 공산주의예요. 우리나라는 민주주의, 북한은 공산주의잖아요!"

다른 학생들도 대부분 그렇게 생각하는 눈치였습니다. 그런데 웬일인지 선생님은 살짝 미소를 띠며 고개를 가로저으셨어요. 선생님은 정확한 답이 아니라며, 그 이유를 설명해 주셨지요.

"많은 사람이 그렇게 잘못 알고 있단다. 하지만 공산주의는 자본주의와 반대되는 거야. 민주주의는 정치 체제고, 공산주의와 자본주의는 경제 체제지. 민주주의의 반대는 군주주의, 전체주의, 독재주의 같은 것이란다. 군주주의란 국왕이 절대 권력을 행사하는 것이고, 전체주의는 과거 나치가 지배하던 독일을 예로 들 수 있지. 독재주의는 국민의 합의와 민주적인 절차를 무시한 채 독재자가 자기 마음대로 권력을 휘두르는 것을 말해."

뜻밖의 설명에 학생들의 눈빛이 호기심으로 반짝였습니다. 선생님이 흐뭇한 표정으로 이야기를 이어 나갔지요.

"그러니까 이론적으로는 공산주의 체제에서도 민주주의를 할 수 있어. 다만 거의 모든 공산주의 지도자가 군주처럼 독재를 일삼으며 전체주의 국가를 만들었단다."

그러면서 선생님은 대한민국이 민주주의 국가이면서 자본주의 국가라고 정리하셨습니다. 그제야 학생들은 자본주의와 공산주의, 민주주의가 어떻게 다른지 이해했지요.

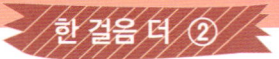

남한과 북한의 경제력 비교

　1960년대 경제 개발에 나선 우리나라 정부는 큰 고민거리가 있었습니다. 이렇다 할 제철소 하나 없는 현실이 경제 개발을 가로막았던 것이지요. 국가 경제를 발전시키려면 공업화를 이루어야 하고, 그러려면 반드시 안정적으로 철강이 공급돼야 합니다. 그런데 당시 우리나라에는 변변한 제철소가 없었습니다. 광복 전에 몇몇 제철 공장이 만들어지기는 했지만, 대부분 북한 지역에 있었지요. 그나마 남한에 있던 것은 전쟁 탓에 다 파괴되고 말았습니다. 그러니까 남북 분단 직후에는 남한보다 북한이 경제를 발전시키는 데 좀 더 유리한 환경을 갖추고 있었지요. 광물 같은 천연자원도 훨씬 많았고요.

　그런 까닭에 한국전쟁이 끝나고 나서 1960년대까지는 북한의 경제력이 남한보다 앞섰다고 평가됩니다. 하지만 1970년대에 접어들어 남한 경제는 기적이라고 불릴 만큼 빠르게 성장했지요. 그 결과 지금은 남한과 북한의 경제력 격차가 비교조차 어렵게 벌어졌습니다. 이제 대한민국은 세계 10위권의 경제 강국으로 성장했는데, 북한은 여전히 후진국의 어려움에서 헤어나지 못하고 있지요.

도대체 남한과 북한의 경제력에는 얼마나 큰 차이가 있을까요?

우선 국민 총소득 면에서 남한의 경제 규모는 북한의 45배나 됩니다. 북한은 아프리카 대륙의 가장 가난한 국가들 수준에 머물러 있지요. 또한 남한의 1년 수출액은 약 5000억 달러 정도로 30억 달러 안팎의 북한보다 170배나 많습니다. 각각의 상품 생산량도 격차가 큰데, 자동차만 해도 남한이 북한보다 1000배 넘게 만들고 있지요. 남한은 1년에 400만 대 이상 자동차를 생산하지만, 북한은 4000대 정도에 그치고 있습니다.

남한과 북한의 산업 구조

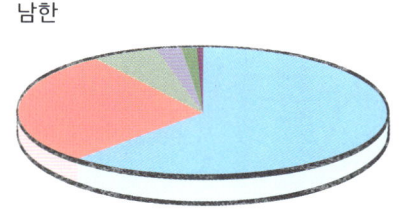
남한

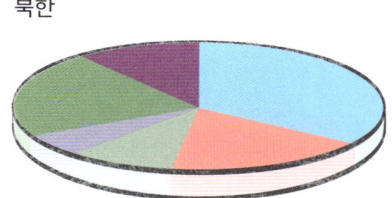
북한

	서비스업	제조업	건설업	전기·가스·수도	농림어업	광업
남한	62.4%	27.7%	6.0%	2.1%	1.8%	0.1%
북한	34.1%	18.7%	9.7%	5.4%	21.2%	11.0%

노동자와 자본가

고용주는 돈을 관리할 따름이고,
임금은 노동자들이 만든 생산품에서 나온다.

_ 헨리 포드

근로기준법을 지켜라!
우리는 기계가 아니다!

　서울시 종로구 청계천로에 전태일기념관이 있습니다. 근처 길을 걷다 보면 전태일을 기리는 동상도 만나게 되지요. 대체 전태일이 어떤 사람이기에 기념관을 설립하고 동상을 세워 기리는 것일까요?
　1960년대 우리나라 노동자가 일하는 환경은 매우 열악했습니다. 그 무렵은 막 경제 발전이 시작돼 농촌의 젊은이들이 너도나도 일자리를 찾아 서울로 올라왔지요. 하지만 그들을 기다리는 것은 하루 14시간 이상의 노동과 최저생계비*에도 못 미치는 임금이었습니다. 한 달에 이틀만 쉬어도 다행이었고요. 그들이 일하는 작은 공장에는 항상 먼지가 자욱했으며, 잠시 고단한 몸을 쉴 공간조차 없었습니다.
　그런 현실에서 재단사로 일하던 전태일은 자신의 여동생 같은 소녀들이 고생하는 것을 가만히 지켜보기 힘들었습니다. 똑같은 노동자 입장인 관리자들조차 소녀들의 인권을 짓밟기 일쑤였지요. 그때 전태일은 '근로기준법*'의 존재를 알게 되면서 노동운

---

* 최저생계비 : 이론적으로 계산해 낸, 생활에 필요한 최소 비용.

열악한 노동 환경을 바꾸기 위해
노력했던 전태일 열사
ⓒ 전태일재단

동에 뛰어들었습니다. 학력이 초등학교 중퇴인 그는 독학으로 법전을 공부하며 노동 환경을 개선하기 위해 노력했습니다. 하지만 그의 바람은 번번이 넘을 수 없는 사회의 장벽에 가로막혔지요. 결국 전태일은 자신의 몸에 불을 붙여 죽음에 이르는 것으로 안타까운 현실을 세상에 알렸습니다. 그는 마지막 순간까지 "근로 기준법을 지켜라! 우리는 기계가 아니다! 일요일은 쉬게 하라!"라고 외쳤습니다.

---

* 근로기준법: 노동자의 기본적 삶의 질을 높이기 위해, 노동 조건의 기준을 정해 놓은 법률.

전태일의 분신*이 있고 나서 우리 사회는 크게 변화하기 시작했습니다. 사회 곳곳에서 노동자의 열악한 현실을 깨달아 조금씩이나마 개선하려는 움직임이 나타났지요. 그런 노력 덕분에 지난 수십 년 동안 우리나라의 노동 환경은 눈에 띄게 좋아졌습니다. 법적으로 '노동3권'이 보장되는 나라가 되었다는 점이 그와 같은 변화를 상징합니다.

노동3권이란, 헌법*에서 정한 노동자의 세 가지 기본 권리를 말합니다. 구체적으로 단결권·단체교섭권·단체행동권을 일컫지요. 용어가 좀 어렵나요? 세 가지 권리를 풀어서 설명해 보겠습니다. 우선 단결권은 노동자가 노동조합 같은 단체를 만들고 가입할 수 있는 권리를 의미합니다. 단체교섭권은 노동자 단체가 사용자*와 만나 자신들의 노동 조건에 대해 협상할 수 있는 권리지요. 마지막으로 단체행동권은 노동조합 같은 노동자 단체가 파업*이나 태업* 등의 방법으로 자신들의 요구 조건을 강력하게 밀어붙일 수 있는 권리를 뜻합니다.

한동안 우리 사회는 노동3권에 대한 인식이 제대로 갖춰지지 못했습니다. 사용자가 일방적으로 회사의 경영 방침을 정하면,

---

* 분신: 자기 몸을 스스로 불태움.
* 헌법: 한 국가의 최고 법. 국민의 인권과 권리, 국가의 정치 조직 등에 대해 정의한다.
* 사용자: 노동자를 고용해 일을 맡기고 보수를 지급하는 개인이나 회사.
* 파업: 노동자가 사용자에 맞서 요구 조건을 통과시키기 위해 하는 일을 멈추는 것.
* 태업: 노동자가 사용자에 맞서 요구 조건을 통과시키기 위해 일부러 게을리 일하는 것.

노동자와 자본가

노동자는 군소리 없이 일만 하는 것을 미덕으로 여겼지요. 노동자는 회사 상황이 어떤지 신경 쓰지 않았고, 사용자는 이익이 많이 나도 노동자를 배려하지 않았습니다. 그런데 법적으로 노동 3권이 보장되면서 기업과 노동자가 서로를 대하는 사고방식이 달라졌지요. 노동자와 사용자는 열심히 협력해 회사의 이익을 함께 나누기 시작했습니다. 또 회사에 어려움이 닥쳤을 때는 서로 상의하고 양보해 위기를 벗어났지요.

'사람이 사람답게 사는 것.'

세상에는 이처럼 당연한 말을 몹시 어렵게 느끼며 사는 사람들이 있습니다. 전태일이 근로기준법을 지키라고 외치던 시절의 노동자들이 그랬지요. 그 후 지금까지 많은 것이 달라졌지만, 아직도 인간다운 삶을 누리지 못하는 노동자들이 적지 않습니다. 그런 사회를 변화시키려면 우리 모두가 인간의 존엄성을 잊지 않는 것이 중요하지요. 인간을 단지 생산의 도구로 여기는 잘못을 또다시 저질러서는 안 됩니다.

자본가의 공로를
생각해 봐요

　자본가가 무엇인가요?
　그냥 돈이 많은 사람? 자신의 부를 과시하며 호화로운 생활을 하는 사람? 돈을 빌려줘서 이자를 받거나 부동산 등에 투자하여 좀 더 큰돈을 벌려는 사람? 모두 틀린 말은 아닙니다. 하지만 지금 이야기하려는 자본가는 노동자를 고용하여 기업을 경영함으로써 이윤을 내는 사람을 의미합니다.
　앞서 우리는 노동자의 권리에 대해 알아봤습니다. 너무나 열악했던 우리나라의 과거 노동 현실에 관해서도 설명했지요. 그렇다면 회사를 경영하는 자본가는 너나없이 노동자를 착취하는 악당 같은 존재일까요?
　그렇지 않습니다. 우리 사회를 유지하고 발전시키는 데는 자본가의 투자와 고용도 아주 큰 역할을 합니다. 자본가의 투자가 있어야 대량으로 상품이 생산되지요. 자본가의 고용이 있어야 사람들이 일자리를 얻게 됩니다. 기업을 경영하고 노동자를 고용하는 자본가가 없었다면, 우리는 여전히 자급자족의 생활을 하고 있을지 모릅니다.

물론 자본가가 사람들로부터 인정받고, 나아가 존경받으려면 몇 가지 조건이 따릅니다. 우선 자본가는 창의적인 자세로 기업을 경영해 사람들의 삶을 보다 안전하고 편리하게 만들어야 합니다. 새로운 시장을 열고 사회에 활력을 불어넣는 것이 자본주의를 지탱하는 한 축으로서 자본가가 할 역할입니다.

그런데 요즘에는 더불어 강조되는 필수적인 조건이 있습니다. 그것은 한마디로 사회적 책임 의식입니다. 옛날처럼 노동자를 착취해 자신의 이익만 좇는 자본가는 이제 살아남지 못합니다. 그 기업은 머지않아 망할 수밖에 없고, 자본가 역시 도덕적 비난을 피하기 어렵습니다. 이제는 노동자의 권리를 보장하면서 이익을 함께 나눠야 회사가 발전합니다. 노동의 조건이 좋아야 노동자들의 헌신을 바랄 수 있기 때문입니다. 평범한 노동자들이 행복해야 우리 사회의 뿌리가 건강해지기 때문입니다.

오늘날 몇몇 자본가들은 누구보다 더 사회에 긍정적인 영향을 끼치고 있습니다. 하나의 예로, 공익 재단을 이야기할 만합니다. 원래 기업은 영리 추구가 주요 목적인 집단입니다. 그러나 공익 재단은 영리 활동을 하지 않습니다. 그 대신 경제적 이유로 외면당한 공공사업이나 사회적으로 소외된 이웃을 위한 여러 가지 일을 펼칩니다.

미국의 록펠러재단은 성공한 공익 재단으로 손꼽힙니다. 100여 년 전 석유 사업가 존 데이비슨 록펠러가 만든 이 재단은 의료와 보건을 중심으로 꾸준한 자선 활동을 해 오고 있습니다. 중남미

카네기재단을 만든 철강왕
앤드류 카네기
ⓒ Theodore C. Marceau ǀ Public Domain

록펠러재단을 만든 석유 사업가
존 데이비슨 록펠러
ⓒ Oscar White ǀ Public Domain

포드재단을 만든 자동차왕 헨리 포드
ⓒ wikimedia commons ǀ Public Domain

의 여러 나라가 식량 생산을 늘려 기아* 문제를 해결하는 데도 도움을 주었습니다. 그 밖에도 미국에서는 자동차왕 헨리 포드가 설립한 포드재단을 비롯해 철강왕 앤드루 카네기가 만든 카네기재단 등이 활동하고 있습니다. 한 사람의 자본가이자 기업가에서 출발한 그 공익 재단들은 지금도 미국 사회의 발전에 여러모로 기여하는 중입니다.

우리나라에도 존경받을 만한 자본가들이 있습니다. 「부자와 서민」 편에서 이야기한 유일한이 그런 사례입니다. 또한 대한민국의 여러 기업도 공익 재단을 운영합니다. 만약 유일한 같은 기업인이 더 많이 등장하고 공익 재단들이 바람직한 역할을 한다면, 누가 자본가에게 손가락질하겠습니까? 자본주의 체제에서 자본가는 노동자와 함께 결코 없어서는 안 될 중요한 사회 구성원입니다.

---

* 기아 : 먹을 것이 없어 굶주리는 것.

함께 가야 하는 노동자와 자본가

흔히 노동자와 사용자를 함께 일컬어 '노사'라고 합니다. 최근 우리나라에서 노사 갈등은 매우 큰 주목을 받고 있지요. 노사가 합리적으로 좋은 관계를 맺어야 사회가 한 단계 더 발전하기 때문입니다.

노사 갈등이 발생했을 때, 어느 한쪽의 일방적인 양보는 해결책이 되지 못합니다. 과거처럼 노동자의 희생만을 강요할 수 없고, 사용자인 자본가를 무조건 나쁜 사람으로 몰아붙여서도 안 됩니다. 양쪽 모두 냉철하게 현실을 파악해 서로에게 도움이 되는 방향으로 사태를 해결해야 합니다.

여러분은 텔레비전 뉴스에서 심각한 노사 갈등으로 파업이 벌어지는 장면을 보았을 것입니다. 때로는 사용자가 노동자에 맞서 회사 문을 닫는 바람에 또 다른 혼란을 불러오는 경우도 있지요. 물론 그런 것도 노사가 합의에 이르는 하나의 과정으로 이해할 수 있습니다. 하지만 심각한 갈등이 오래 이어지면 노사 모두 돌이키기 힘든 피해를 볼 수밖에 없습니다.

노사 갈등 없이 처음부터 모든 문제가 원만하게 처리되면 가장 좋을 것입니다. 실제로 여러 기업에서 노동자와 사용자가 서로의 입장을 이해해 해마다 별 충돌 없이 협상을 마무리 짓고는 합니다. 또한 노사 갈등이 벌어진다고 해서 언제나 극단적인 대립으로 치닫는 것도 아닙니다. 갈등 상황에 빠졌다가 노사가 스스로 자기 몫을 양보해, 오히려 기업과 노동자의 미래를 밝히는 사례도 드물지 않습니다.

  10여 년 전 한 물류 회사가 파산* 위기에 처한 적이 있었습니다. 회사가 망해 노동자들이 일자리를 잃을 위험에 맞닥뜨렸지요. 사태가 심각해질수록 경영진과 노동자는 자신들의 피해를 최소화하는 데만 골몰했습니다. 양쪽 모두 상대의 입장은 전혀 헤아리지 않았지요. 그러던 어느 날, 사용자 측에서 새로 임명한 대표가 노동자들 앞에 서서 말했습니다.

  "저는 젊은 시절 우리 회사에 입사해 35년째 근무하고 있습니다. 여러분이 그렇듯, 저 역시 회사에 깊은 애정을 품고 있지요. 그런데 저와 여러분은 이제 이곳을 떠나야 할지 모릅니다. 우리가 계속 자기 몫만 챙기겠다고 다툼을 벌인다면, 그날이 당장 내일이 될 수 있습니다."

  대표의 말에 노동자들은 시큰둥한 표정을 지었습니다. 사용자 측에서 늘 해 오던 그렇고 그런 압박이라고 여겼으니까요. 그런데 대표의 다음 이야기에 노동자들의 눈이 휘둥그레졌습니다.

---

* 파산: 재산을 모두 잃고 망함.

"우리는 서로의 욕심을 잠시 접어 두고 회사부터 살려야 합니다. 그러기 위해 모든 경영진이 당분간 월급을 받지 않는 것은 물론이고, 개인 재산도 회사에 투자하겠습니다."

대표의 진심 어린 말에 곧 회사 노동조합도 화답했습니다. 노동자들이 임금의 일부를 스스로 반납했고 파업을 멈추었지요. 근무 시간에는 너나없이 주인 의식을 갖고 더욱 책임감 있게 일했습니다.

그 후 2년도 채 되지 않아 회사는 부도* 위기에서 벗어났습니다. 그뿐 아니라 이전보다 매출이 훨씬 늘어 더욱 탄탄한 물류회사로 자리 잡았지요. 그러자 사용자 측에서 노동자들에게 보답하기 시작했습니다. 회사 이익의 상당 부분을 특별 보너스로 내놓아 노동자들의 사기를 북돋은 것입니다. 또한 근무 환경을 쾌적하게 꾸미고 임금도 꾸준히 올려, 이제는 누구나 부러워하는 훌륭한 직장으로 손꼽히게 됐습니다.

이것은 노사 상생*의 좋은 사례입니다. 노동자와 사용자의 관계는 고용을 비롯해 경제적 문제가 걸려 있어 자칫 갈등으로 치닫기 십상이지요. 하지만 조금씩 서로의 처지를 이해하고 배려하면, 방금 이야기한 물류 회사 사례처럼 긍정적인 결과를 가져오게 됩니다.

---

* 부도 : 사업 관계에서 돈을 받기로 한 사람이, 약속한 날짜가 되어도 돈을 받지 못해 회사 경영에 결정적인 피해를 보는 것.
* 상생 : 둘 이상이 서로 북돋워 함께 잘 살아가는 것.

한 걸음 더 ①

'주 5일 근무제'를 넘어 '주 52시간 근무제'로

오랫동안 대한민국 노동자들이 일하는 시간은 세계 최고 수준이었습니다. 우리나라 국민만큼 밤낮없이 일하는 사람들이 드물었지요. 토요일은 말할 것 없고, 일이 있으면 휴일에도 온종일 일했습니다. 그 덕분에 우리는 해마다 놀라운 경제 성장을 이뤄 냈지요.

하지만 누구든 일만 하며 살 수는 없는 노릇입니다. 열심히 일한 만큼 충분히 쉬어야 하지요. 가족과 여가를 즐기고, 취미 생활을 할 여유를 갖는 것은 인생에서 아주 중요한 일입니다. 게다가 적당한 휴식은 더욱 열심히 일하는 원동력이 되기도 하지요.

그래서 우리나라도 국가가 잘사는 만큼 모든 국민이 행복한 생활을 하게 되기를 바랐습니다. 그런 변화에서 비롯된 것이 '주 5일 근무제'입니다. 이전에는 직장에서 일요일만 쉬는 것이 기본이었지요. 그것을 토요일과 일요일, 일주일에 이틀씩 쉬도록 한 것입니다.

우리나라에서 공식적으로 주 5일 근무제가 시작된 것은 2004년부터입니다. 이 제도는 프랑스 1936년, 독일 1967년, 이웃 나라 일본이 1987년부터 실시했습니다. 우리나라는 그에 비하면 꽤 늦었지만, 경제 성장이 급했던 터라 어쩔 수 없었던 면이 있지요.

그 후 2018년에는 근로기준법을 바꿔 '주 52시간 근무제'를 법률로 정했습니다. 일주일에 허용하는 최대 노동 시간을 68시간에서 52시간으로 줄였지요. 아직은 회사마다 처한 상황이 달라 여러 문제점을 드러내고 있지만, 주 5일 근무제가 그랬듯 머지않아 우리 사회에 정착될 것입니다. 전태일이 일하던 시대를 떠올려 보면 그야말로 믿을 수 없는 발전이지요.

한 걸음 더 ②

사람들은 왜 일하는 걸까?

여러분의 부모님은 어떤 일을 하시나요? 부모님의 직업은 기술자, 농부, 선생님, 은행원, 공무원, 운전기사 등 무척 다양할 겁니다. 병원이나 옷 가게, 음식점 등을 직접 경영하는 분들도 계시겠지요. 집안 살림을 돌보는 전업주부도 훌륭한 직업입니다.

그럼 여러분의 부모님은 왜 직업을 갖고 일을 하실까요? 사람들이 직업을 갖는 이유는 크게 세 가지로 정리할 수 있습니다.

첫째, 일을 통해 자아실현을 할 수 있기 때문입니다. 자아는 자신에 대한 생각과 감정, 의지를 말하지요. 즉 자아실현이란 자신을 돌아보며 참된 삶의 의미를 찾는 것입니다.

둘째, 일을 통해 사회에 이바지할 수 있기 때문입니다. 우리는 사회의 구성원 중 한 사람으로 다양한 관계를 맺으며 생활하지요. 얼핏 혼자 살아가는 듯해도 다른 사람들의 수고로 여러 혜택을 받습니다. 농부의 노동 덕분에 밥을 먹고, 공장에서 일하는 기술자 덕분에 많은 상품을 이용하지요. 그러므로 여러분이 앞으로 직업을 갖는 것은 이 사회와 다른 사람들을 위해 의미 있는 역할을 하는 것입니다.

셋째, 일해서 돈을 벌어 생계를 꾸려 갈 수 있기 때문입니다. 어쩌면 이것이 부모님이 일하시는 가장 현실적인 이유일 것입니다. 돈을 벌어야 살림을 하고, 여러분을 공부시킬 수 있으니까요. 우리가 살아가는 데 필요한 집이며, 옷이며, 음식 등을 장만하려면 돈이 필요합니다.

어때요, 사람들이 직업을 갖고 일을 하는 데는 정말 중요한 이유가 있지요?

여러분도 머지않은 미래에 직업을 갖게 될 것입니다. 그때를 대비해 노력하고, 어떤 일로 나의 꿈을 실현할 수 있을지 곰곰이 생각해 봐야 합니다.

영남과 호남

군자는 두루 소통하면서도 편파적이지 않으며,
소인은 편파적이면서 소통하지도 못한다.

_ 공자

지역감정과 내 고장 사랑은 다른 것

선거 때만 되면 우리나라는 지역감정 탓에 한바탕 홍역을 치러 왔습니다. 많은 사람이 오직 자기 고장을 기반으로 하는 정당*과 자기 고장 출신 후보에게 투표했기 때문이지요.

"나는 이번에도 꼭 동그라미 정당에 투표할 거야. 동그라미 정당에는 우리 지역 사람들이 많잖아."

"당연히 그래야지. 절대로 네모 정당에 투표해서는 안 돼. 네모 정당은 무조건 싫어!"

이런 모습은 어느 한 고장에서만 나타나는 것이 아닙니다. 경상도, 전라도, 충청도 같은 각 도는 말할 것 없고 심지어 마을과 마을 사이에서도 볼 수 있지요.

"이번 선거에서 건넛마을 후보가 당선되면 우리 마을은 끝장이야. 무슨 일이 있어도 우리 마을 후보가 당선되도록 표를 몰아줘야 해!"

물론 같은 조건이라면 자기 고장 사람에게 마음이 가는 것은

---

* 정당: 정치적인 생각이 같은 사람들이 정권을 잡기 위해 모여 만든 단체.

당연합니다. 하지만 지역감정이 문제가 되는 이유는 인물 됨됨이와 정책*이 무시되기 때문이지요. 지역감정에 휘둘리는 사람들은 오로지 어느 고장 출신인가를 따질 뿐입니다. 설령 이런저런 이유를 갖다 붙여도 자신의 선택을 합리화하기 위한 변명에 불과할 때가 많습니다.

게다가 선거에 나온 정당과 후보자도 은근히 지역감정을 부추기곤 합니다. 그들은 자기 고장 출신을 뽑아야만 지역 발전을 이룰 수 있다고 떠벌리지요. 또한 자기 고장을 기반으로 하는 정당에 투표해야 나라가 안정되고 민주주의가 발전한다고 주장합니다.

그 결과 우리나라에서는 선거 때마다 부끄러운 결과가 빚어지고 있습니다. 지역별로 한 정당이 싹쓸이에 가깝게 몰표를 받는 현상이 자주 나타나지요. 요즘은 조금씩 달라지는 모습을 보이지만, 아직도 인물 됨됨이와 정책은 뒷전으로 밀리기 일쑤입니다.

그럼 지역감정은 우리나라에만 있는 것일까요?

그렇지는 않습니다. 지역감정은 전 세계 어느 나라에나 있다고 해도 틀리지 않지요. 자기 고장이 다른 고장보다 잘되기를 바라는 마음은 누구나 갖는 것이니까요.

그러나 대부분의 나라에서 지역감정은 크게 문제 되지 않습니다. 왜냐하면 그것이 내 고장을 사랑하는 마음으로 그치기 때문입니다. 그들도 선거 때면 자기 고장 출신 후보에게 좀 더 애정을

---

* 정책: 정치적 목적을 이루기 위해 마련한 대책이나 방법.

갖습니다. 하지만 다른 고장 사람이라고 해서 삐딱한 시선으로 바라보지는 않지요. 선거 때는 자신의 고장이나 국가의 미래를 위해, 인물 됨됨이와 정책을 먼저 따져 보려고 노력하는 것입니다.

지역감정과 내 고장 사랑의 차이를 운동 경기를 통해 좀 더 살펴보겠습니다. 현재 우리나라에는 열 개의 프로 야구 구단이 있지요. 저마다 특정 지역에 홈구장을 두기 때문에 지역색이 매우 강한 스포츠 종목입니다. 사실 과거에는 경쟁이 지나쳐 다른 지역에서 원정 온 팀에게 심한 야유를 보내거나 위험한 물건을 던지는 경우도 종종 발생했지요. 자기가 응원하는 팀이 지기라도 하면 상대편 응원단과 싸움을 벌이는 일까지 벌어지곤 했습니다. 그런 행동은 지역감정일 뿐, 결코 내 고장을 사랑하는 올바른 방식이 아니었지요.

하지만 최근에는 그와 같은 나쁜 관람 문화가 거의 사라졌습니다. 자신의 고장을 기반으로 하는 팀을 응원하는 마음은 똑같지만, 상대 팀도 존중할 줄 아는 도덕성이 높아졌기 때문입니다. 설령 자기가 응원하는 팀이 우승 경쟁에서 패배해도 상대 팀에 축하의 박수를 건네는 여유까지 생겼지요. 한마디로 지역감정과 내 고장 사랑이 다르다는 점을 사람들이 깨달은 것입니다.

지역감정에는 항상 편견과 선입견이 끼어들게 마련입니다. 편견과 선입견은 우리의 이성을 뒤죽박죽 엉클어지게 만들지요. 그래서 지역감정에 빠진 사람은 지식인이라 해도 정의롭고 합리적인 판단을 하지 못하게 됩니다.

지역감정이 얼마나 나쁜 영향을 끼치는 거야?

지역감정의 원인은 무엇일까요?

가장 큰 원인은 이미 이야기했듯 비뚤어진 애향심, 즉 자신의 고향을 사랑하는 마음이 잘못 표현됐기 때문입니다. 자기가 태어나고 성장한 고향에 애착을 느끼는 것은 누구나 마찬가지겠지요. 하지만 그 마음이 고향 사랑에 그치지 않고 다른 고장에 대한 비난으로 변질되면 문제가 생깁니다.

지역감정을 불러오는 또 하나의 원인은 지역 간의 지나친 경쟁의식을 들 수 있습니다. 무조건 우리 지역이 다른 지역보다 더 많은 혜택을 보고 더 크게 발전해야 한다는 잘못된 투쟁심이 갈등을 불러일으키는 것입니다. 또한 거기에 국가나 지방자치단체*의 정책이 차별적으로 이루어지면 불난 데 기름을 붓듯 사태가 심각해지지요.

우리나라만 해도 지역감정은 다양한 형태로 모습을 드러내 왔

---

* 지방자치단체: 특별시·광역시·도·시·군 등 지방자치의 권한을 갖는 단체. 지방자치는 주민들이 스스로 대표를 뽑아 자기 지역의 일을 결정하고 실천에 옮기는 것을 말함.

습니다. 그 예로, 조선 시대에는 함경도와 평안도 등 지금의 북한 지역 사람들을 차별하는 정서가 있었지요. 지금의 제주도를 일컫는 탐라가 조선 땅이 된 후에는 육지 사람들이 그곳 주민을 차별하기도 했습니다. 오늘날 역시 전라도니 경상도니 충청도니 하면서 상대를 비난하거나 멀리하려는 경향이 있지요. 나아가 하나의 도 안에서도 이웃 군끼리 다툼을 벌이며 작은 지역감정을 만드는 사례가 적지 않습니다.

　사실 지역감정은 인간의 본능적인 감정 표현이라고 볼 수도 있습니다. 사람들은 대부분 남보다 자기가 더 많은 이득을 보고 싶어 하니까요. 그런 인간의 이기심이 집단으로 확장되면 내 고향이 더 많은 이득을 봐야 한다는 억지를 부리게 됩니다. 만약 자신의 고향이 손해를 보게 되면 화를 참지 못하고 분노를 폭발시키지요.

　하지만 인간은 그와 같은 본능적인 감정을 이성으로 다스릴 줄 아는 존재이기도 합니다. 우리는 이 세상에서 함께 어울려 살아가기 위해, 누구나 자신의 이기심을 제어하고 있지요. 인간이 본능으로만 살아간다면 얼마나 큰 혼란과 충돌이 빚어지겠습니까? 고향 사랑이 지역감정으로 변질되는 것을 이성으로 막아야 하는 이유 역시 분명합니다. 지역감정이 점점 더 심각해지면 대한민국이라는 공동체가 허물어지기 때문입니다.

　지역감정에 휘말리면 상대의 장점을 발견하지 못합니다. 다른 지역의 장점을 모르니 자신의 지역을 발전시키기 위한 본보기로 삼을 수도 없으며, 그것은 결국 국가의 장래를 어둡게 하는 부작용을 낳습니다. 자꾸만 다른 지역의 단점을 찾아 비아냥거리면, 그것은 언젠가 자기 얼굴에 침을 뱉는 결과를 가져옵니다. 국민이 화합해야 국가가 균형 있게 발전하고 민주주의의 질서를 지켜 낼 수 있는 것입니다.

사실 우리나라의 지역감정은 개선할 가능성이 충분합니다. 민족 갈등이나 문화 갈등, 종교 갈등 등이 더해진 일부 국가에 비한다면 그 원인이 훨씬 단순하기 때문이지요. 우리는 민족 갈등이 없고, 각 지역의 문화가 거의 비슷하며, 여러 종교가 별 충돌 없이 공존하고 있습니다. 따라서 일부 정치인 등 지역 이기주의에 빠진 사람들이 잘못을 깨닫는다면 빠르게 지역감정을 해결할 수 있지요. 국민 개개인도 다른 지역의 작은 차이에 집착하기보다 훨씬 더 많은 공통점에 주목할 필요가 있습니다.

한 걸음 물러서서 보면, 우리는 참 닮았어

오늘날 우리나라에는 여러 형태의 지역감정이 나타나고 있습니다. 그럼에도 다행히 극심한 갈등으로 치닫지는 않지요. 그런 데는 몇 가지 이유가 있습니다. 우선 대한민국 5000만 인구는 하나의 언어를 사용합니다. 또 앞서 말한 것처럼 어느 지방이나 비슷한 음식을 먹으며, 같은 전통과 문화 속에서 생활하지요.

나아가 조금만 다른 측면에서 살펴봐도 우리의 지역감정이 얼마나 어리석은 짓인지 금방 깨달을 수 있습니다. 무슨 말이냐고요? 우리나라 성씨에는 본관이라는 것이 있습니다. 본관은 어느 성씨의 시조가 태어난 곳이나, 그 성씨가 처음 시작된 지명을 가리키는 용어입니다. 이를테면 같은 김씨라고 해도 본관은 다를 수 있지요. 김해 김씨, 경주 김씨, 개성 김씨, 안동 김씨, 광산 김씨 등으로 구분되는 것이 바로 그와 같은 이유입니다. 김씨와 더불어 가장 인구가 많은 이씨도 전주 이씨를 비롯해 경주 이씨, 진성 이씨, 연안 이씨 등이 있습니다.

그런데 우리나라의 역사가 길게 이어지다 보니, 김해 김씨라고 해서 경상도 김해 지역에만 거주하는 것이 아닙니다. 김해 김씨 성을 가진 사람들은 충청도에도 있고 전라도에도 살지요. 휴전선 너머 북한 지역에도 수많은 김해 김씨가 있습니다. 그러니까 전라도가 고향인 사람이라고 해도 그 뿌리는 경상도인 경우가 흔하다는 말입니다. 물론 경상도 사람 중에도 전라도 지역 본관을 가진 사람들이 아주 많고요. 실제로 김대중 전 대통령은 전라남도 신안 출신이면서 김해 김씨의 후손이기도 하지요. 그처럼 요즘은 우리나라 국민 대부분의 본관과 고향이 다릅니다. 그런 상황에서 단순히 출신 지역만을 따져 지역감정을 갖는 것은 바람직하지 않습니다.

흔히 지역감정을 일컬어 '망국의 병'이라고 합니다. 한마디로 나라를 망하게 하는 고약한 질병과 같다는 뜻이지요. 그래서 최근에는 지역감정을 해소하기 위해 좀 더 적극적인 노력이 나타나고 있습니다. 그중 하나의 사례가 '달빛동맹'입니다. 이것은 대구광역시의 옛 이름인 '달구벌'과 광주광역시의 옛 이름인 '빛고을'의 앞 글자를 따서 만든 신조어지요. 우리나라의 지역 갈등을 이야기할 때 손꼽히는 두 지역이 지역감정을 없애기 위해 행동에 나선 것입니다.

달빛동맹이 본격적으로 시작된 해는 2013년입니다. 대구와 광주는 우리나라 현대사를 공부할 때 자주 등장하는 지역이지요. 대구에서는 일본에 대항해 국가의 권리 회복 투쟁을 펼친 국채보상운동과 4·19혁명의 출발점이 된 2·28민주운동이 일어났습니다. 광주에서는 일제강점기 항일 투쟁의 주요 사건인 광주학생항

일운동과 군사 독재에 맞선 5·18민주화운동이 펼쳐졌고요. 광주와 대구는 오랫동안 대한민국 현대사의 주역이라는 자부심이 컸습니다. 그런데 복잡한 정치 상황이 얽히면서 서로에게 불신이 깊어졌지요. 일부 정치인의 차별과 부추김에서 비롯된 지역감정이 평범한 시민들에게까지 나쁜 영향을 끼쳤습니다.

하지만 광주와 대구의 시민들은 곧 그와 같은 문제점을 스스로 깨달았습니다. 그 결과 달빛동맹이 탄생했습니다. 달빛동맹은 거창한 구호를 외치는 대신 두 지역의 친밀감을 높이기 위해 작은 일부터 함께 이루어 갔습니다. '달빛오작교'라고 이름 붙여 두 지역 젊은 남녀들의 미팅 기회를 마련했고, 청소년들이 상대 도시를 방문해 역사와 문화를 체험하게 했지요. 2016년과 2018년 광주에 폭설이 내렸을 때는 대구에서 인력과 장비를 지원해 복구를 도왔습니다. 광주 역시 2020년 대구가 코로나19 바이러스로 힘들어할 때 기꺼이 마스크 등의 물자와 의료진을 지원했고요. 또한 대구 지역의 환자가 급증하자 광주에 있는 병원의 병실을 내주기도 했습니다. 그 밖에도 두 지역은 서로의 왕래를 위해 고속도로를 넓혔으며 대구에서는 518번 버스를, 광주에서는 228번 버스를 운행하고 있지요.

어떤가요, 여러분? 달빛동맹 사례를 살펴보니 우리나라의 지역감정 해소에 희망이 보이는 것 같지요? 그럼요, 한 걸음 물러서서 보면 우리는 모두 닮은 점이 참 많은 대한민국 국민이니까요.

한 걸음 더 ①

"대한민국은 저리 가라." 할 만한 세계의 지역감정

유럽의 역사 깊은 나라 스페인은 지역감정이 심하기로 유명합니다. 그에 비하면 우리나라의 지역감정은 아무것도 아니지요.

스페인의 항구 도시 바르셀로나가 속한 카탈루냐 지역은 나라를 대표하는 노래인 국가가 따로 있습니다. 지난 바르셀로나 올림픽 때도 스페인 정식 국가와 함께 연주됐지요. 그곳의 언어 역시 스페인 표준어와 상당히 다릅니다. 그래서 카탈루냐 지역의 많은 사람이 스페인으로부터 독립을 주장하지요.

스페인의 수도는 마드리드입니다. 스페인의 지역감정은 마드리드와 바르셀로나의 대립으로 상징되는데, 두 지역의 축구팀이 맞붙기라도 하는 날이면 온 나라가 시끌벅적해집니다. 마치 외국 팀과 시합을 하는 것처럼 말이에요. 오죽하면 "스페인을 하나로 보는 것은 정부 문서와 관광 안내서뿐이다."라는 이야기가 있을까요.

이탈리아 역시 스페인 못지않게 지역감정이 심한 나라입니다. 상공업이 발달한 북부 지역과 가난한 남부 지역 사람들 사이에는 정치적·경제적 갈등이 금방이라도 폭발할 듯합니다. 두 지역 주민들은 서로를 외국인보다 못하게 대한다고 하지요. 오죽하면 북부 지역의 독립을 주장하는 정당이 만들어졌을 정도입니다.

  그 밖에도 지역감정은 여러 나라에서 골칫거리입니다. 독일은 바이에른주로 대표되는 남부와 북부의 갈등이 무척 심하고, 캐나다의 퀘벡주는 분리 독립 투표까지 했을 만큼 다른 지역과 사이가 나쁩니다. 아시아도 마찬가지라, 일본은 도쿄를 중심으로 한 간토 지역과 오사카 및 교토를 대표로 하는 간사이 지역이 자주 갈등을 빚습니다. 중국도 넓은 땅덩이만큼 여러 갈래의 지역감정이 드러나지요. 다만 지금은 공산주의 국가 특유의 통제력으로 그것을 억누르고 있을 뿐입니다.

한 걸음 더 ②

사투리를 무시해? 사투리는 우리말의 보물 창고!

표준어란 말 그대로 한 나라의 표준이 되는 언어를 일컫습니다. 보통은 그 나라의 수도에서 쓰는 말을 기본으로 하지요. 우리나라의 경우 '교양 있는 사람들이 두루 쓰는 현대 서울말'을 표준어로 정의합니다. 그러면 표준어가 아닌 각 지역의 언어는 무엇이라고 할까요? 그것이 바로 '방언', 그러니까 '사투리'입니다.

우리가 공부하는 책은 모두 표준어로 쓰여 있습니다. 방송에서 사용하는 말도 표준어가 원칙입니다. 이따금 드라마 등에서 사투리를 쓰지만, 뉴스처럼 사실을 전하며 믿음을 주어야 할 때는 반드시 표준어를 사용합니다.

공식적으로 표준어를 쓰는 데는 그만한 이유가 있습니다. 만약 진행자가 사투리로 뉴스를 전한다면 어떤 일이 벌어질까요? 아마도 전국에 있는 모든 국민이 그 내용을 완전히 이해하기는 어려울 것입니다. 그렇게 시간이 지나면 결국 충청도, 전라도, 경상도 사투리 등이 마구 뒤엉켜 혼란스러워질 것이 틀림없습니다. 그러므로 나라가 발전하려면 사용하는 언어의 통일이 필요합니다. 그래야 정보를 전달하기 쉽고, 서로 의사소통을 하기도 편리합니다.

하지만 무조건 표준어만 중요하게 여기는 것은 옳지 않습니다. 사투리는 우리말을 더욱 풍요롭고 아름답게 하는 보물 창고니까요. 박경리의 대하소설 『토지』는 경상도 사투리가 효과적으로 쓰여 더욱 훌륭한 작품이 되었습니다. 뭐니 뭐니 해도 판소리에는 전라도 사투리가 쓰여야 그 맛이 잘 살아나고요. 사투리는 우리의 소중한 문화유산이므로 아끼고 보존하려는 노력도 함께 기울여야 합니다.

기성세대와 신세대

모든 세대는 자기 세대가 앞 세대보다 더 많이 안다고 믿는다. 또 다음 세대보다 더 현명하다고 생각한다.

_ 조지 오웰

세대 차이는 당연해, 이해가 필요해

일요일 낮, 할아버지와 어린 손자가 나란히 앉아 텔레비전을 보았습니다. 마침 〈전국노래자랑〉이 방영됐지요. 무대로 올라온 60대 아주머니가 트로트 가요를 멋지게 불렀습니다. 할아버지는 흐뭇한 표정을 지으며 손자를 향해 말했지요.

"역시 노래는 트로트가 감칠맛이 있어. 저 노래를 들으니까 왠지 가슴이 뭉클해지는구나."

하지만 손자는 그 노래가 영 마음에 들지 않았습니다. 얼마나 구슬픈지 신나는 일요일의 분위기를 다 망쳐 버리는 것 같았지요.

"할아버지, 노래를 왜 저렇게 불러요? 저는 오후에 방송하는 〈인기가요〉나 볼래요. 오늘 블랙핑크랑 마마무가 나오거든요."

그러자 한쪽에서 스마트폰을 보던 아빠가 두 사람의 대화에 끼어들었습니다. 빙그레 웃음을 띠며 아들에게 말했지요.

"너는 만날 시끄럽게 떠들어 대는 노래만 들으면서 뭘 그래? 난 요즘 노래를 들으면 도무지 가사를 알아듣지 못하겠더라. 뭐니 뭐니 해도 노래 하면 발라드가 최고지. 멜로디는 말할 것 없고 가사도 좋잖아!"

이렇듯 사람들은 자기가 살아온 시대에 따라 좋아하고 싫어하는 것이 다릅니다. 거기서 더 나아가 옳다고 믿는 것이 다르기도 하지요. 할아버지와 아빠는 정치 이야기를 하다가 서로 얼굴을 붉히고는 합니다. 또 명절에 차례상 차리는 문제 같은 것을 두고도 의견 충돌을 빚을 때가 있지요.

할아버지와 아빠 사이에 취향과 생각이 다른 것, 아빠와 자녀 사이에 취향과 생각이 다른 것, 그런 것을 일컬어 '세대 차이'라고 합니다. 세대 차이가 심하면 기성세대는 신세대를 못마땅해하고, 신세대는 기성세대를 답답해하지요. 당연히 할아버지와 손자 사이에는 더 큰 세대 차이가 존재할 수밖에 없습니다. 저마다 자신이 살아온 시대와 환경이 다르니까요.

세대 차이는 인류 역사상 언제나 존재해 왔습니다. 오죽하면 서양의 고대 벽화에도 '요즘 젊은 애들은 버릇이 없어.'라는 한탄이 적혀 있을까요. 따라서 세대 차이 자체가 문제는 아닙니다. 다른 세대를 이해하려는 마음을 갖지 않는 것이 진짜 문제지요.

어른들은 자주 "너는 아직 어려서 몰라. 왜 내 말을 듣지 않니?"라면서 강압적인 모습을 보일 때가 있습니다. 아이들은 아이들대로 "쳇, 지금은 시대가 달라졌어요. 고리타분한 소리 그만하시라고요!"라면서 손사래부터 치기 일쑤입니다. 그래서는 세대 간의 갈등이 커질 수밖에 없습니다. 서로에 대한 이해가 부족하면, 서로를 아예 외면하게 될지도 모릅니다.

"너희들은 도대체 왜 그 모양이니! 부모가 부족한 것 없이 보살펴 주는데, 어째서 불평만 늘어놓는 거야?"

"전 아버지 세대가 마음에 안 들어요. 자꾸만 우리가 옛날 방식으로 살아가기를 바라시잖아요. 아버지 세대는 사람들의 개성을 인정하지 않아요. 왜 모두 똑같은 모습으로 살기를 바라시냐고요!"

어때요, 좋아하는 노래에 차이가 있는 것과 달리 이쯤 되면 심각한 상황이지요?

우리는 신세대와 기성세대를 모두 살아가지요

'생애주기'라는 용어가 있습니다. 한 인간의 삶을 개인 또는 가족 관계에서 발생하는 변화에 따라 일정한 단계로 구분하는 것을 말합니다. 선뜻 이해되지 않지요? 쉽게 설명하면, 한 사람의 인생을 유아기·아동기·청년기·장년기·노년기로 구분하는 것입니다. 우리는 생애주기마다 신체적·정신적 변화를 겪지요. 아울러 결혼과 출산, 진학, 취업 등 사회와 지속적인 관계를 맺게 됩니다.

사람들은 생애주기를 차례차례 밟으며 자신의 삶을 살아갑니다. 누구든 유아기를 생략한 채 아동기를 살 수 없고, 노년기가 싫다며 청년기의 삶만을 고집하는 것도 불가능하지요. 다시 말해 우리 모두는 정해진 생애주기에 따라 나이를 먹고, 그에 따른 사회화 과정*을 거쳐야 합니다. 여기에는 어떤 예외도 있을 수 없지요.

그러므로 자기가 현재 청년기라고 해서 노년기의 삶을 업신여기는 것은 어리석은 짓입니다. 자신도 머지않아 장년기를 거쳐 노년기에 다다를 테니까요. 그와 마찬가지로 노년기에 다다른 사람이

---

* 사회화 과정: 자신이 속한 집단의 가치와 문화 등을 학습해 익히는 과정.

청년기의 미숙함을 무조건 꾸짖는 것 역시 바람직하지 못합니다. 그야말로 '개구리 올챙이 적 생각 못 한다.'라는 속담이 딱 들어맞는 경우지요.

그럼에도 우리 사회는 곳곳에서 세대 갈등이 나타나고 있습니다. 세대에 따라 정치나 경제에 대한 생각, 일상생활에 대한 가치관* 등이 달라 충돌이 빚어지는 것입니다. 그 원인은 무엇보다 생애주기에 따라 자신의 입장에서만 사회를 바라보는 데 있지요. 이를테면 정년 문제에 대해서도 그렇습니다. 정년이란, 특별한 이유가 없더라도 정해진 나이가 되면 회사를 떠나도록 하는 제도지요. 그 문제를 두고도 젊은 세대와 기성세대는 갈등을 빚습니다.

"평균 수명이 늘어 이제 백세 시대가 됐는데, 나이 60에 회사를 떠나라면 어떡해? 정년을 늘려 좀 더 일할 수 있게 해 줘야지!"

그러나 기성세대의 이런 주장에 젊은 세대는 동의하지 못합니다.

"옛날에는 일자리가 흔해 쉽게 취업한 분들이 욕심도 많네. 우리 세대의 현실이 '이태백'인 것도 모르나 봐. '이십 대 태반이 백수', 이태백 말이야!"

사실 기성세대와 젊은 세대의 불만에는 모두 설득력이 있습니다. 기성세대의 경우 60살 정년조차 꿈처럼 느껴지는 사람들이 매우 많거든요. 45살이면 정년퇴직을 해야 한다는 '사오정'이라는 신조어까지 있을 정도니까요. 그렇다고 젊은 세대의 입장이 여유

---

* 가치관: 사회의 여러 가치에 대해 개인이나 집단이 갖는 생각.

로운 것도 아닙니다. 31살이면 바늘구멍 같은 취업 길마저 막혀 버린다는 '삼일절'이라는 신조어가 그들의 막막한 심정을 잘 드러내지요.

대부분의 사회 갈등이 그렇지만, 정년 문제도 어느 한쪽 편을 들기 쉽지 않습니다. 사회적으로 많은 연구와 토론을 거쳐 합리적인 해결책을 찾는 수밖에 없지요. 그 전에 우리는 다른 세대의 어려움을 이해하려는 마음의 자세를 갖춰야 합니다. 생애주기에 따라 자신이 이미 살아왔거나, 앞으로 살아갈 세대의 문제니까 말입니다.

"백세 시대니 뭐니 하면서 우리 세대의 욕심만 내세울 수는 없어. 요즘 젊은 세대는 일자리를 구하는 것조차 힘들잖아. 우리 사회가 젊은 세대에게 충분한 기회를 줘야 해."

이런 생각을 하는 기성세대가 있다면 젊은 세대가 희망을 품지 않을까요?

"지금 우리가 살아가는 세상은 기성세대의 노력으로 이루어진 거야. 그분들이 좀 더 안심하고 일할 수 있게 하는 사회 제도가 필요해. 그것이 결국 우리를 위한 변화이기도 하고."

젊은 세대의 이와 같은 말은 기성세대에게 커다란 위안이 될 것입니다.

여러분, 어떤가요? 똑같은 상황에서도 얼마나 서로를 이해하느냐에 따라 문제의 심각성이 다르게 느껴지지 않나요? 우리는 다시 한번, 신세대와 기성세대가 한 사람의 생애주기에 모두 들어 있다는 분명한 사실을 명심해야 합니다.

우리는 누구나 생애주기를 차례차례 밟으며 살아갑니다.

기성세대는 이끌고,
신세대는 보살피고

　여러분, 소복이 눈이 내려 사방이 온통 하얘진 산길을 떠올려 보세요. 그곳이 처음 가는 낯선 곳이라면 어디로 걸어야 할지 갈피를 잡기 어렵겠지요. 그때 눈앞에 누군가의 발자국이 보인다면 마음이 놓이지 않을까요? 그 발자국을 따라가다 보면 사람이 사는 마을에 다다르게 될 테니까요. 적어도 낭떠러지나 사나운 동물이 사는 골짜기로 향하지는 않겠지요.

　그 눈밭에 난 발자국은 다름 아닌 기성세대의 상징입니다. 우리 사회의 법률과 제도, 관습* 등이 그 발자국 안에 담겨 있지요. 지금 우리가 누리는 경제적 풍요와 정치적 안정도 마찬가지입니다. 신세대는 기성세대가 시행착오를 겪으며 먼저 지나갔기 때문에, 조금은 편히 자신의 길을 찾을 수 있는 것입니다.

　우리가 살아가는 세상은 하얗게 눈 덮인 산길과 다르지 않습니다. 그 막막함 속에, 기성세대가 이루어 놓은 여러 성과는 신세대의 삶에 긍정적인 영향을 끼치지요. 기성세대의 실패 역시 신세

＊ 관습 : 어떤 사회에서 오랜 세월 지켜져 내려와 널리 인정하는 질서나 습관.

대에게 교훈이 될 때가 많습니다.

  그러면 신세대는 기성세대에게 도움만 받는 존재일까요? 그렇지 않습니다. 앞서가는 기성세대가 지치고 힘들어할 때, 신세대가 다가가 부축해 줄 수 있으니까요. 기성세대가 절망에 빠져 의기소침할 때는 신세대가 새로운 활력을 불어넣을 수도 있습니다. 만약 신세대와 기성세대가 그처럼 서로에게 꼭 필요한 역할을 해 준다면 우리 사회는 지금보다 더 화목해질 것이 틀림없습니다.

여기서 다시 세금 이야기를 해 보겠습니다. 생애주기로 따져 볼 때, 가장 많은 세금을 내는 시기는 청년기와 장년기입니다. 어느 시기보다 사회 활동이 활발하기 때문이지요. 그들이 낸 세금은 국가 살림에 폭넓게 사용됩니다. 그중에는 여러분이 공부하는 학교 시설을 짓거나 무상 급식, 교육비 지원 등에 쓰이는 돈도 있지요. 여러분이 다니는 학원 앞에 신호등을 설치하거나 집 근처에 버스 정류장을 짓는 일에도 세금이 쓰입니다. 그뿐 아니라 장년기를 거쳐 노년기에 접어든 사람들을 위한 의료비와 연금* 등에도 세금은 꼭 필요합니다.

그렇다면 현재 유년기와 아동기의 사람들은 세금의 혜택을 받기만 할까요? 아닙니다. 유년기와 아동기의 사람들이 청년기가 되고 장년기가 되면 사회 활동을 해서 세금을 내게 되지요. 그 돈으로 지금의 장년층이 노년층이 되면 다양한 사회복지를 누리게 되는 것입니다. 그러니까 세금 하나만 살펴봐도 신세대와 기성세대는 서로 떼려야 뗄 수 없는 관계지요.

그런데도 우리 사회에서 신세대와 기성세대의 갈등은 좀처럼 해결되지 않고 있습니다. 아니, 오히려 점점 심해지는 모습도 보이지요. 기성세대는 신세대를 향해 "요즘 젊은 사람들은 너무 나약해. 너희만 힘든 게 아니라는 사실을 명심하라고!"라면서 다그치기 일쑤입니다. 또한 신세대는 기성세대를 바라보면서 "어이구, 저 꼰대

---

* 연금: 국가나 사회에 공로가 있거나, 어떤 기관에 오랫동안 근무한 사람에게 정기적으로 주는 돈.

들! 만날 잔소리나 늘어놓으면서 잘난 척이야."라고 험담을 합니다.

　기성세대와 신세대가 물과 기름 같아서는 사회가 행복할 수 없습니다. 기성세대가 너그럽게 신세대를 이끌고, 신세대는 기성세대를 존중해야 사회가 발전합니다. 세대는 달라도 사람이 세상을 살아가며 따르는 중요한 가치는 다르지 않습니다. 어느 세대나 사랑, 우정, 믿음, 희망, 배려, 양심 같은 가치를 소중하게 여긴다는 말입니다.

　세대 차이가 바람직한 방향으로 나타나면, 오히려 사회는 다채로워질 수 있습니다. 서로 다른 세대를 이해하려고 노력하면 절대로 심각한 갈등의 수렁에 빠지지 않지요. 한 세대의 이기심만으로 세상을 바라보면 안 됩니다. 신세대는 기성세대의 경험을 통해 깨달음을 얻고, 기성세대는 신세대의 패기를 통해 열정을 되찾아야 합니다.

한 걸음 더 ①

콕 짚어 어떤 세대를 가리키는 특별한 표현들

'베이비 붐'이라는 말이 있습니다. 한 사회에서 여느 때와 달리 출산율이 크게 증가하는 것을 일컫지요. 베이비 붐은 주로 전쟁이 끝난 후나 최악의 경제 상황이 지난 뒤에 나타납니다. 큰 어려움에 빠졌던 사회가 안정과 풍요를 되찾으면서 보이는 모습 중 하나지요.

우리나라도 베이비 붐이 일어난 시절이 있었습니다. 한국전쟁이 끝난 1955년부터 1963년 무렵이었지요. 이 시기에는 집마다 아이들이 보통 네댓 명씩 되었습니다. 예닐곱 명씩 자녀를 둔 집도 드물지 않았고요. 그래서 이 무렵에 태어난 사람들을 '베이비 붐 세대'라고 부릅니다. 베이비 붐 세대는 아주 치열한 경쟁 속에 성장했습니다. 또래가 많은 탓에 학교에서나 사회에서나, 어느 세대보다 힘겨운 경쟁을 벌여야 했지요. 하지만 그 덕분에 너나없이 열심히 노력하는 긍정적인 면도 있습니다.

그 밖에 특정 세대를 가리키는 용어로는 X세대, N세대, Y세대, Z세대 등을 이야기할 수 있습니다. X세대는 베이비 붐 이후, 대체로 1965~1976년에 태어난 사람들입니다. 1980년대 후반 '주위의 눈치를 보지 않는 개성파 신세대'를 의미했지요. N세대는 '넷(Net) 세대'의 줄임말로, 인터넷을 비롯한

네트워크 세대라는 뜻을 담고 있습니다. 1970년대 중반 이후 태어난 세대지요. Y세대는 주로 1980년대부터 1990년대 초에 태어난 사람들을 말합니다.

또한 Z세대는 1990년대 중반에서 2000년대 중반에 태어난 사람들을 일컫습니다. X세대와 Y세대를 잇는 세대로, 어릴 적부터 디지털 환경에서 자라났다는 특징이 있지요. 폭넓게 1980년대부터 2000년대 중반에 태어난 사람들을 통틀어 '밀레니얼 세대'라고도 합니다. 그 세대는 대학 진학률이 매우 높고 정보통신기술에 익숙합니다.

한 걸음 더 ②

밸런타인데이는 알아도 정월 대보름은 몰라

매년 2월 14일, 여자가 좋아하는 남자에게 초콜릿을 건네며 사랑을 고백하는 날은?

그래요, 밸런타인데이입니다. 여러분도 잘 아는 날이지요. 원래 밸런타인데이는 크리스트교의 성인 발렌티누스를 기념하는 날입니다. 서양의 전통적인 기념일이에요. 그런데 요즘은 우리나라 어린이와 청소년들도 이날을 무척 기다립니다. 초콜릿을 주고받을 생각에 마음이 들뜨는 것입니다.

어디 밸런타인데이뿐인가요. 남자가 여자에게 사탕을 선물하는 화이트데이를 비롯해 빼빼로데이 같은 정체불명의 날도 생겨났지요. 그런 것은 사탕이나 과자 매출을 늘릴 목적으로 기업에서 만든 기념일인데 말입니다.

그렇다면 여러분, 정월 대보름에 대해서는 얼마나 알고 있나요?

우리나라에는 예로부터 다양한 명절 문화가 발달해 왔습니다. 설날, 정월 대보름, 한식, 단오, 추석 같은 것들을 손꼽을 수 있지요. 명절마다 해 먹는 음식이 달랐고, 이런저런 놀이 문화를 즐겼습니다. 혹시 '부럼'과 '귀밝이술'이란 말을 들어 보았나요? 아마 많은 어린이가 고개를 갸우뚱하며 낯설어할 테지요. 초콜릿 하면 금방 밸런타인데이를 떠올리겠지만……

부럼과 귀밝이술은 모두 음력 1월 15일, 정월 대보름의 풍습입니다. 부럼은 대보름에 먹는 밤, 호두, 땅콩, 잣 같은 견과류를 일컫습니다. 대보름에 부럼을 깨물면 1년 내내 이가 건강하고, 종기나 부스럼이 나지 않는다는 믿음이 있지요. 귀밝이술은 정월 대보름에 어른들이 주고받는 술을 말합니다. 1년 내내 귀가 밝고, 좋은 소리만 들으라는 뜻이 담겨 있습니다.

이렇듯 알고 보면 우리나라 명절에는 재미있는 내용이 참 많습니다. 신세대인 여러분이 앞으로 지켜 나가야 할 소중한 문화유산이지요. 옛날처럼 모든 풍습을 따르기는 어렵지만, 그 역사와 의미만이라도 되새겨 볼 필요가 있습니다.

우리나라의 대표 명절

설날
음력 1월 1일
새해 첫날. 차례를 지내고 세배를 하며, 떡국을 먹고 윷놀이와 연날리기 같은 놀이를 한다.

정월 대보름
음력 1월 15일
새해 첫 보름날. 한 해 농사를 기원하면서 지신밟기와 쥐불놀이를 하고 약식, 오곡밥, 묵은 나물, 부럼 같은 음식을 먹는다.

한식
음력 4월 5일
나무 심기에 알맞은 시기로, 불을 쓰지 않고 찬 음식을 만들어 먹는다.

단오
음력 5월 5일
풍년을 기원하며 창포물로 머리를 감고 그네뛰기, 씨름 같은 놀이를 한다.

추석
음력 8월 15일
그해 수확한 쌀로 밥을 지어 차례를 지내고, 송편을 만들어 먹으며 강강술래 같은 놀이를 한다.

개발주의와 환경주의

지구상의 생물들 중 어느 한 종을 잃는 것은
비행기 날개에 달린 나사못을 하나씩 빼는 것과 같다.

_ 파울 에를리히

놀랍고 두려운
환경 파괴 이야기

　남아메리카에 있는 세계 최대의 열대우림* 지역 아마존. 아마존 정글은 지구 전체 삼림의 30퍼센트를 차지합니다. 한반도의 30배나 될 만큼 넓은 면적이지요. 워낙 많은 양의 산소를 뿜어내 '지구의 허파'라는 별명으로 불립니다.
　하늘을 찌를 듯 높이 솟은 나무들과 넘실넘실 흐르는 강물, 일일이 종류를 헤아리기 어려울 만큼 다양한 동물들……. 비라도 한번 내리고 나면 여기저기에서 새 생명이 쑥쑥 자라나는 곳. 아마존은 자연의 위대함을 고스란히 보여 주는 신비로운 공간입니다.
　그런데 얼마 전부터 아마존에 관한 뉴스는 우리를 자주 절망에 빠뜨립니다. 툭하면 화재가 일어나 숲이 불타고 있다는 안타까운 소식이 전해지기 때문이지요. 아마존의 화재는 우리의 상상을 훨씬 뛰어넘는 규모로 일어납니다. 며칠씩 불길이 치솟는 것은 흔한 일이고, 몇 주째 화재가 계속 이어지기도 하지요. 아마존

---

* 열대우림 : 1년 내내 기온이 높고 비가 많은 열대 지방의 삼림.

숲이 우거진 아마존의 모습
ⓒ Jlwad/wikimedia commons

에서는 1년에도 수만 건씩 크고 작은 화재가 발생한다니 좀처럼 믿어지지 않을 정도입니다.

아마존에서 큰불이 나면 1분마다 축구장 1.5배 면적의 열대우림이 잿더미로 변합니다. 아무리 드넓은 아마존이라고 해도 큰 화재가 반복되면 생태계*가 금방 파괴되고 말지요. 지구 산소의 20~30퍼센트를 만들어 내는 허파 기능에도 문제가 생길 수밖에 없습니다. 한마디로, 아마존이 불에 타서 제 기능을 못 하면 지

---

* 생태계: 어느 환경 안에서 사는 생물들과 환경이 서로 영향을 주고받으며 공존하는 상태.

불타는 아마존의 모습
ⓒ U.S. Department of Agriculture/wikimedia commons

구가 몸살을 앓게 됩니다.

그런데 아마존의 비극에는 놀라운 비밀이 감춰져 있습니다. 다름 아니라 화재의 원인이 인간에게 있다는 것입니다. 아마존에 사는 농민들은 숲을 없애고 농사를 짓기 위해 일부러 불을 지르고는 합니다. 그러다가 자칫 큰불로 번져 돌이키지 못할 화를 불러오는 것이지요.

하지만 더욱 놀라운 사실은 따로 있습니다. 전체 아마존 가운데 가장 넓은 지역을 차지하는 브라질의 정부가 농민들을 이용한다는 의심을 받는 것입니다. 그러니까 땅을 넓혀 보려는 농민들의 욕심을 부추겨 불을 내게 하고, 화재 진압에는 적극적으로 나서지 않는다는 말입니다. 브라질 정부는 그전에도 벌목꾼들의 아마존 훼손을 눈감아 주는 등 환경 파괴에 별로 신경 쓰지 않는 듯했습니다. 다른 나라에서 그런 점을 지적하면 "아마존은 세계의 것이 아니라 브라질의 것"이라며 귀를 닫았지요.

브라질 정부는 왜 아마존이 불타는 것을 심각하게 생각하지 않을까요? 아니, 오히려 불이 나기를 바란다고 의심까지 받는 이유는 무엇일까요?

그것은 브라질 정부가 개발을 앞세우는 정책을 펼치기 때문입니다. 아마존 정글을 없애고 논밭을 만들면 곡물의 수확량이 늘어납니다. 그리고 언제든 마음만 먹으면 그 땅에 다시 공장을 지을 수 있지요. 그러는 편이 숲과 동물을 보호하는 정책보다 브라질 경제에 도움이 된다고 판단한 것입니다.

물론 지금 당장 브라질을 위해서는 조금이라도 논밭을 넓히고 공장을 짓는 것이 이익일 수 있습니다. 많은 나라가 자연을 훼손해 길을 내고 건물을 짓는 것처럼 말이지요. 하지만 한번 파괴된 자연환경은 좀처럼 회복되지 않습니다. 더구나 그것이 아마존이라면 전 세계가 주목하는 문제입니다. 그런 까닭에, 실제로 미국·독일·노르웨이 등은 아마존을 보호하라면서 브라질에 금전적 지원을 하고 있습니다.

"지금 우리가 누리는 자연환경은 다음 세대로부터 잠시 빌려 쓰는 것이다."라는 말이 있습니다. 아마존도 마찬가지입니다. 아마존 정글을 다 없애 버리면, 지구 어디에서 또 다른 허파를 찾을 수 있겠습니까? 인간이 짧은 생각으로 저지르는 환경 파괴는 끔찍한 비극입니다.

환경 파괴는
우리 모두의 책임입니다

그렇다면 환경 파괴의 비극은 누구의 책임일까요?

어떤 사람들은 그 책임이 정책을 잘못 만든 정부에 있다고 말합니다. 어떤 사람들은 공장을 돌리는 기업이 더 큰 책임을 져야 한다고 주장하겠지요. 또 누군가는 환경 보호에 무감각한 이웃에게 비난의 화살을 돌릴지 모르겠습니다.

그러나 환경 파괴의 책임은 우리 모두에게 있습니다. 우리는 너 나없이 먹고 마시며 쓰레기를 배출하니까요. 공부하거나 일할 때 사용하는 물건 하나도 그냥 주어지는 것이 없습니다. 책을 제작하려면 나무를 베어 종이부터 만들어야 하지요. 회사에 가기 위해 자동차를 운전하면 공기가 더럽혀지고, 빨래를 하려면 세제를 쓸 수밖에 없습니다.

여러분은 태평양에 쓰레기 섬이 둥둥 떠다니는 사실을 알고 있나요?

태평양의 쓰레기 섬, 그러니까 거대한 쓰레기 더미는 두 개가 있습니다. 그 크기가 정말 어마어마해서 대한민국 면적의 15배가 넘는다고 하지요. 섬이라는 아름다운 이름으로 불리지만 사람이 절

대 살 수 없는 쓰레기 섬. 안타깝게도, 쓰레기 섬의 크기는 해가 갈수록 점점 더 커지고 있습니다.

태평양의 쓰레기 섬은 해류와 바람 때문에 만들어졌다고 합니다. 하지만 그 재료를 공급한 것은 바로 인간이지요. 쓰레기 섬을 구성한 대부분의 폐기물은 플라스틱입니다. 연구 결과에 따르면 그 양이 1조 8000억 개를 훌쩍 넘고 무게만 해도 8만 톤에 이른다고 하지요. 쓰레기 섬은 우리가 아무렇게나 버린 생수통이며 과자 포장지, 일회용 생활용품 등으로 만들어진 괴물입니다.

여러분이 알다시피 플라스틱은 오랜 시간이 지나도 썩지 않습니다. 다만 태양열에 부스러지고 바닷물에 닳아 미세* 플라스틱으로 모양이 바뀔 뿐이지요. 그래서 또 다른 문제가 발생하는데, 물고기들이 미세 플라스틱을 먹이로 착각해 먹는다는 사실입니다. 그 물고기는 어부에게 잡혀 다시 우리의 식탁에 오르게 되지요. 물고기의 내장에서 분해되지 않은 미세 플라스틱은 인간의 몸에 나쁜 영향을 끼쳐 질병을 일으킵니다.

그러면 이제부터라도 비닐과 플라스틱, 스티로폼 제품을 절대 사용하지 말아야 할까요?

그럴 수 있다면 좋겠지만, 우리의 생활 습관을 하루아침에 바꾸기는 쉽지 않습니다. 차라리 비닐과 플라스틱, 스티로폼을 대체할 친환경 소재*를 개발하는 편이 빠를지 모릅니다. 그리고 무엇보다

---

* 미세: 눈으로 분간하기 어려울 만큼 매우 작음.
* 소재: 어떤 것을 만드는 데 바탕이 되는 재료.

미세 플라스틱이 끼치는 영향

하천과 바다로 흘러가 자연을 훼손한다.

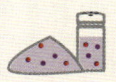
해빙이나 소금에까지 스며들어 곳곳을 오염시킨다.

해양 생물의 몸에 들어가 여러 가지 부작용을 일으킨다.

해산물을 먹은 사람의 몸속에 쌓여 질병에 걸리게 한다.

우리의 의식을 바꿔야 합니다. 일회용 제품의 사용을 대폭 줄이고, 플라스틱 같은 것은 최대한 재활용하려는 노력이 필요하지요.

 우리나라의 경우, 지난 수십 년 동안 경제 발전을 목표로 모든 노력을 기울여 왔습니다. 그러다 보니 환경의 중요성은 미처 깨닫지 못했지요. 이것저것 살피기 전에 산을 깎아 도로를 만들고, 바다를 메워 땅을 넓혔습니다. 공장에서는 마구 오염 물질을 쏟아 냈고, 거리에는 시커먼 매연을 내뿜는 차들이 넘쳐 났지요. 사람들은 100년이 지나도 썩지 않을 쓰레기를 아무 데나 내다 버렸고요.

하지만 우리는 곧 환경의 중요성을 알게 됐습니다. 환경 오염 때문에 쾌적한 생활을 할 수 없고, 심지어 병이 들기도 했으니까요. 게다가 한번 파괴된 환경은 되살릴 수 없다는 사실도 뼈저리게 느꼈습니다. 그래서 우리는 뒤늦게나마 환경 보호를 위해 여러 가지 대책을 마련했지요. 산에 나무를 심고, 공장이 하천에 오염 물질을 버리지 못하게 했습니다. 차들은 매연을 줄여야 했고, 사람들은 쓰레기를 함부로 버리면 안 된다는 교육을 받았습니다. 그 결과 대한민국의 환경 보호 의식은 이제 세계 어느 나라와 비교해도 부족함이 없게 됐습니다. 그것은 환경 보호가 우리 모두의 문제라는 점을 깨달았기에 가능한 일이었습니다.

개발은 필요한 것, 환경은 중요한 것

환경 파괴에 관한 이야기를 듣다 보면, 개발이라는 것이 나쁘게만 생각되기 십상입니다. 그러나 개발 자체를 무조건 부정적으로 받아들이는 것은 옳지 않습니다. 그동안 수많은 개발을 통해 인간이 누리는 삶의 질이 나아진 것 또한 틀림없는 사실이니까요.

한 가지 예를 들어 보겠습니다. 서울과 부산을 잇는 경부고속도로는 1970년에 완공됐지요. 그 전에 차를 타고 서울에서 부산에 가려면 아홉 시간가량이 필요했습니다. 그런데 경부고속도로가 개통되고 여행 시간이 절반 정도로 줄어들었지요. 그 후 고속철도(KTX)를 운행하고 나서는 서울역을 출발해 두 시간 40분 남짓이면 부산역에 닿을 수 있게 됐습니다. 서울과 부산이 반나절 생활권이 되었다고 해도 틀린 말이 아니지요.

그럼 이런 경우에도 개발은 나쁜 것일까요? 물론 고속도로와 철길을 놓는 과정에서 꽤 많은 자연 훼손이 있었을 것입니다. 각종 건설기계에 산과 들이 깎였고, 여러 동식물의 터전이 망가졌겠지요. 하지만 그렇다고 해서 고속도로와 고속열차를 개통한 것에 대해 일방적인 비난을 할 수는 없습니다. 왜냐하면 그만큼 우

생활의 편의를 가져온 고속철도
ⓒ Yubong Jenog/pixabay

리의 생활이 편리해졌고, 긴 시간 동안 차를 타기 어려운 교통 약자들도 여행이 가능해졌기 때문입니다. 또한 고속철도 같은 경우, 자동차 운행을 줄여 환경 보호에 도움이 되는 면도 있습니다.

우리나라는 지금도 곳곳에서 개발이 진행되고 있습니다. 하루가 다르게 새로운 도로가 뚫리고 고층 건물이 빽빽이 들어서지요. 여러 종류의 문화 시설을 만들고, 지방 도시에까지 아파트 단지를 건설하는 중입니다. 아름드리나무를 베어 낸 산속에 골프장을 짓거나, 갯벌을 메워 관광 시설을 세우는 공사도 벌어지고 있습니다. 그리고 그런 개발 중 상당수가 환경을 파괴한다는 비판을 피하지 못합니다.

우리 삶의 질을 높이는 개발과 환경 파괴의 주범으로 지목받는 개발. 두 종류의 개발은 어떻게 다른 것일까요?

우선 많은 사람의 편의와 복지를 위한 개발은 지속해서 이루어져야 합니다. 공장을 만들어 상품을 생산하고, 문화생활을 위한 시설들도 건축해야 하지요. 석유와 전기 같은 에너지를 사용하는 일상생활도 계속될 수밖에 없습니다. 다만 그와 같은 개발을 하기 전에 환경에 끼치는 영향을 꼼꼼히 따져 봐야 합니다. 자칫 작은 이익을 얻으려다 환경 파괴라는 크나큰 손해를 입게 되니까요. 아울러 자연 훼손을 최소화하고, 친환경적인 기술 개발에도 노력을 기울여야 합니다.

그러면 비판받아 마땅한 개발이란 무엇을 의미할까요? 일단 많은 사람의 행복을 위한 것이 아니라, 소수의 사람에게만 이익이 돌아가는 개발이라고 할 수 있습니다. 즉 몇몇 개인이나 회사가 돈에 눈이 멀어 마구잡이로 자연을 훼손하는 경우지요. 그들에게는 금전적 이익이 무엇보다 중요한 가치이기 때문에 환경 파괴를 망설이지 않습니다.

또한 지나치게 생활의 편의만을 좇는 무분별한 개발도 비판받아야 합니다. 조용한 시골 마을에까지 넓은 도로를 깔거나, 산과 강에 불필요한 시설물을 설치하는 것을 예로 들 수 있습니다. 그것은 인간의 눈높이로 자연을 바라보기 때문에 일어나는 비극입니다. 인간이 자연의 일부가 아니라, 자연의 지배자라고 잘못 생각하는 탓에 벌어지는 일입니다.

인간의 역사는 개발의 역사라고 할 만합니다. 선사 시대부터 많은 것을 개척하며 다양한 변화를 이루어 왔지요. 그러나 이제는 환경 보호의 중요성을 꼭 명심해야 합니다. 그동안 개발이라는 이유를 내세워 자연을 너무 훼손해 왔으니까요. 앞으로 환경 보호를 외면하는 개발은 설 자리가 없을 것입니다.

한 걸음 더 ①

'그레타 툰베리'가 누구야?

　미국의 유명한 시사 주간지 중에 『타임』지가 있습니다. 이 잡지는 해마다 연말이면 '올해의 인물'을 선정해 표지 인물로 등장시킵니다. 말 그대로, 한 해 동안 전 세계적인 화제를 불러일으키며 의미 있는 활동을 한 인물을 뽑는 것이지요.

　2019년 『타임』지가 선정한 올해의 인물은 열여섯 살의 환경 운동가 그레타 툰베리였습니다. 그는 『타임』지 역사상 가장 어린 나이로 올해의 인물이 되었지요. '툰베리는 지구에 대한 막연한 불안감을 전 세계적 변화를 요구하는 움직임으로 탈바꿈시켰다.'라는 것이 선정 이유였습니다. 다시 말해 툰베리의 활동으로 많은 사람이 환경 파괴의 문제점을 깨닫고 변화를 꿈꾸게 되었다는 것이지요.

　그레타 툰베리는 스웨덴에서 태어난 소녀입니다. 열다섯 살 무렵 기후 변화에 대한 심각성을 느껴 환경 운동을 시작했다고 하지요. 그는 지구 환경 파괴에 무감각한 정치인들을 비판하며 트위터 등을 통해 다양한 활동을 펼쳤습니다. 심지어 항의의 표시로 등교 거부를 실행할 만큼 적극적이었지요.

그러던 중 그레타 툰베리에게 기후 변화에 대해 협의하는 국제회의에서 연설할 기회가 주어졌습니다. 그는 세계 각국의 정치인과 행정가들 앞에서 당당하게 외쳤지요. "당신들은 언제나 자녀를 사랑한다고 말합니다. 하지만 기후 변화에 신경 쓰지 않는 자세는 자녀들의 미래를 훔치는 것입니다!"라고 말입니다.

그레타 툰베리의 연설은 많은 사람에게 감동을 줬습니다. 그 후 그는 유엔 본부를 비롯해 여러 국제회의에서 연설할 기회를 얻었지요. 그때마다 그레타 툰베리는 선진국의 탄소 배출을 비판하는 등 강력한 주장을 펼쳐 세계적인 인물로 떠올랐습니다.

10대 환경 운동가 그레타 툰베리
ⓒ Anders Hellberg/wikimedia commons

한 걸음 더 ②

'그린피스'는 또 뭐야?

최근 들어 환경 문제는 큰 관심을 끌어모읍니다. 세계 각국에서는 여러 환경 보호 단체가 활발한 활동을 펼치고 있지요. 그중 가장 유명한 단체로 '그린피스'를 손꼽을 만합니다.

그린피스는 지구의 환경을 보호하고 평화를 정착시키기 위해 1971년에 설립되었습니다. 특정한 나라의 정부에서 만든 조직이 아니라, 뜻을 같이하는 평범한 사람들이 모여 만든 단체지요. 1979년 국제적인 규모로 성장한 그린피스는 네덜란드에 본부를 두고 있습니다.

그동안 그린피스는 국경을 넘어 다양한 활동을 펼쳐 왔습니다. 그중 대표적인 것을 이야기한다면 핵무기 반대 운동과 멸종 위기에 처한 고래 보호 운동을 들 수 있지요. 그린피스의 활동은 매우 적극적이어서 한 나라의 정부와 충돌하는 것도 피하지 않습니다. 미국이나 러시아 같은 강대국 정부도 두려워하지 않지요.

실제로 그린피스는 바다 한가운데 섬에 자리 잡은 핵무기 실험장에 작은 배를 타고 다가가 반대 시위를 펼쳤습니다. 고래잡이배들이 나타나면 그 사이로 고무보트를 타고 들어가 훼방을 놓았지요. 그들의 활약 덕분에 오늘날 고래잡이는 공식적으로 금지되어 있습니다. 1993년 동해에 방사능 폐기물을 몰래 버리던 러시아 선박을 따라가 방해한 것도 그린피스였습니다. 그들은 때때로 환경 보호를 위해 목숨까지 내놓은 것처럼 보일 정도지요.

사실 환경 보호 운동은 과학적이면서 대안을 제시하는 방향으로 이뤄져야 합니다. 그런 면에서 보면 그린피스의 활동이 좀 과격하다고 말할 수 있겠네요. 하지만 1970년대부터 시작된 그린피스의 활동은 환경 보호의 중요성을 일깨우는 데 매우 큰 역할을 했습니다.

남극의 얼음 위에 누워 고래잡이에 반대하는 글자를 만든 그린피스 회원들
ⓒ mym/flickr

개발주의와 환경주의

중소기업과 대기업

빨리 가려면 혼자 가고,
멀리 가려면 함께 가라.

_ 아프리카 속담

중소기업과 대기업은
서로 다른 매력이 있어

　우리 주위에는 수많은 기업이 있습니다. 기업이란, 이윤을 얻기 위해 생산 활동을 하는 조직을 일컫지요. 여기서 생산이라는 말은 단지 공장에서 제품을 만드는 것만을 뜻하지 않습니다. 고객이 원하는 곳으로 제품을 가져가는 것, 고객을 맞이해 친절하게 서비스하는 것, 그리고 폐기물을 치우는 것 등 생산 활동은 매우 다양하게 이루어집니다.

　기업은 규모에 따라 몇 가지로 구분할 수 있습니다.

　대기업은 수천억 원, 때로는 수십조 원의 가치를 지닌 엄청난 규모의 기업을 말합니다. 직원 수만 해도 보통 수천 명에서 수만 명에 이르지요. 그렇기 때문에 대기업은 한 나라의 경제뿐만 아니라, 사회와 문화에도 적지 않은 영향을 끼칩니다.

　우리나라에는 세계적으로 이름난 대기업들이 있습니다. 미국의 경제 잡지 『포천』은 해마다 '세계 500대 기업'을 발표하지요. 그중에는 반갑게도 우리나라 기업이 여러 개 포함되어 있습니다. 특히 삼성전자를 비롯해 에스케이, 현대자동차, 엘지전자 등은 매년 상위권에 이름을 올릴 정도로 뛰어난 실적을 자랑합니다.

그 밖에도 우리나라 대기업들은 여러 분야에서 남다른 실력을 갖추고 있습니다. 그중 현대중공업, 대우조선해양, 삼성중공업은 세계 3대 조선 업체로 유명합니다. 또한 철강 기업 포스코 역시 세계 최고 수준의 경쟁력을 갖추고 있지요. 최근 포스코의 철강 생산량 순위는 세계 4위권으로 올라섰습니다.

중소기업은 중간 규모의 기업과 그보다 작은 규모의 기업을 함께 일컫는 말입니다. 법률에 따르면 대략 직원 수 50~300명 정도인 기업을 '중기업'으로 구분하지요. '소기업'은 직원 수 50명 미만인 기업을 가리킵니다. 하지만 직원 수를 기준으로 한 기업 구분은 어떤 업종*인가에 따라 다르게 적용됩니다.

옛 속담에 '작은 고추가 맵다.'라는 말이 있습니다. 이 속담은 탄탄하게 경영되는 중소기업에 딱 들어맞는 표현입니다. 중소기업은 덩치가 작은 만큼 새로운 환경에 적응하는 속도가 아주 빠르지요. 한두 가지 분야에 집중해 남다른 전문성을 갖추고 있기도 합니다.

우리나라 중소기업 중에 '쓰리세븐'이라는 회사가 있습니다. 오늘날 세계에서 가장 잘 팔리는 손톱깎이는 이 회사에서 만든 '777' 제품입니다. 쓰리세븐은 손톱깎이 하나로 세계 시장에 우뚝 섰습니다. 매년 1억 개의 손톱깎이를 만들어 전 세계 90여 개 나라에 수출하고 있지요. 세계 인구 중 25억 명 이상이 쓰리세븐

---

* 업종: 직업이나 회사 활동의 종류.

손톱깎이를 사용한다는 말이 있을 정도입니다. 그럼 쓰리세븐은 언제부터 손톱깎이를 만들었을까요?

쓰리세븐 손톱깎이의 역사는 1960년대로 거슬러 올라갑니다. 처음에는 미군들이 쓰다 버린 고물을 잘라 손톱깎이를 만들었지요. 그 후 쓰리세븐은 한눈팔지 않고 손톱깎이 개발에만 매달렸습니다. 50년 넘게 끊임없이 품질을 개선해 이제는 세계 최고의 손톱깎이를 생산하게 됐지요. 쓰리세븐은 손톱깎이를 수출해 해마다 300억 원이 넘는 외화*를 벌어들인다고 합니다. 그야말로 덩치는 작아도 실력은 대기업 못지않은 '강소기업'이라고 부를 만하지요.

기업 중에는 직원 수가 5명이 되지 않는 소규모 회사들도 있습니다. 이런 기업을 따로 '영세기업'이라고 부릅니다. 대부분의 영세기업은 자금력과 기술력이 부족해 사회적 위기가 닥쳤을 때 심각한 경영난을 겪고는 하지요. 아울러, 흔히 '자영업'이라고 하는 1인 기업도 많습니다. 여러분이 사는 동네의 작은 음식점이나 문구점 같은 곳을 예로 들 수 있지요. 현재 우리나라에는 수많은 대기업과 중소기업이 다양한 생산 활동을 펼치며 국가의 경쟁력을 높이고 있습니다.

---

* 외화: 달러 같은 외국 돈.

크기별 기업의 분류

대기업
자본금이 크고 직원 수가 많은 기업

중소기업
자본금과 직원 수 등이 대기업에 비해 상대적으로 작은 기업

영세기업
경영 규모가 작고 직원 수가 5명 이하인 기업

중소기업과 대기업은 친구가 될 수 없나요?

한 나라에서 경제 활동이 활발히 이루어지고 있다는 것은 어떤 의미일까요? 그것은 많은 기업이 신바람을 내며 일하고 있다는 말과 다르지 않습니다. 1인 기업부터 대기업까지 열심히 생산 활동을 하고, 그만큼 이윤을 얻게 돼야 경제가 발전하지요.

그 과정에서 중소기업과 대기업은 매우 밀접한 관계를 맺게 됩니다. 하나의 공산품에도 다양한 부속품이 들어가므로, 여러 회사가 협력해 저마다 자신 있는 것을 생산하지요. 그처럼 크고 작은 기업들이 친구가 돼서 서로의 부족한 부분을 메워 줄 때 상생의 결과를 낳게 됩니다. 상생이란, 서로 기운을 북돋우며 다 같이 잘살게 되는 것을 의미합니다.

하지만 현실은 그렇지 못할 때가 많습니다. 우리는 언론을 통해 중소기업과 대기업의 갈등을 종종 접하게 됩니다. 둘의 관계가 친구는커녕 적개심을 품은 경쟁 상대로 바뀌는 것이지요. 사실 중소기업과 대기업의 경쟁은 공정한 게임이 되기 어렵습니다. 기술력과 자금력 등에서 중소기업은 대기업의 상대가 되지 못하니까요. 그래서 둘 사이에 충돌이 일어날 때, 대개는 대기업이 중소기업을 힘으로 억누르는 결과가 빚어집니다.

"지난 수년간 우리 회사는 외부인의 주택 침입을 막는 기술 개발에 매달렸습니다. 다른 건 몰라도, 그 기술만큼은 세계 최고라고 자부하지요. 그런데 우리와 협력 사업을 펼치던 대기업에서 정당한 대가도 지급하지 않은 채 기술만 빼돌렸습니다. 억울해 미칠 지경이에요!"

이 회사의 사장은 대기업과 협력해 신제품을 생산할 계획이었습니다. 자신들에게는 기술만 있지 생산 시설이 없었으니까요. 자금력과 영업력도 부족했고요. 그런데 대기업에 기술을 공개하자 이런저런 핑계를 대며 협력을 늦추더라는 겁니다. 그 사이 대기업 연구팀에서는 주택 침입 방지 기술을 한 단계 더 향상한 뒤 신제품을 만들어 팔기 시작했지요. 처음 기술을 개발한 중소기업 사장은 법에 호소했지만 소용없는 일이었습니다. 7년 동안 법정 다툼을 벌이다가 제품에 지쳐 모든 것을 포기할 수밖에 없었지요.

그 밖에도 대기업과 중소기업의 갈등은 여러 형태로 발생합니다. 몇 해 전, 직원 수 50여 명 남짓한 중소 건설 회사 하나가 부도를 내고 문을 닫았습니다. 그 회사는 대기업이 건축하는 아파트 공사 현장에서 지하 주차장을 책임지게 됐지요. 사장과 직원들은 대기업과 협력해 회사를 키울 좋은 기회라고 생각했습니다. 공사를 깔끔하게 마치면 앞으로도 계속 일거리가 주어질 것이라고 믿었지요.

그런데 현실은 예상과 달랐습니다. 아파트 분양*이 잘 안 되자,

대기업에서 공사 비용을 제때 치르지 않은 것입니다. 심지어 공사에 문제가 있다고 트집 잡으며 처음에 계약했던 금액을 깎자는 말까지 했습니다. 작은 건설 회사 사장은 대기업의 요구를 도저히 들어줄 수 없었습니다. 자기도 공사하는 데 들어간 재룟값을 여러 회사에 줘야 했으니까요. 그래서 그 다툼 역시 법정으로 가게 됐고, 시비를 가리는 사이 자금난에 몰린 작은 건설 회사만 부도가 나고 만 것입니다.

　모든 기업은 서로 경쟁하게 마련입니다. 흔히 기업을 경영하는 데는 영원한 친구도, 영원한 적도 없다고 하지요. 중소기업과 대기업 역시 원칙적으로는 다르지 않을 것입니다. 그러나 기업의 경쟁에는 전제 조건이 있습니다. 상대가 오랜 시간 공들여 개발한 기술을 얌체같이 도둑질하거나, 서로 협력하기로 계약한 내용을 함부로 위반해서는 안 됩니다. 더구나 그것이 체급부터 완전히 다른 경쟁이라면, 덩치 큰 대기업이 여러모로 부족한 중소기업을 배려할 줄 알아야 합니다. 대기업이 손해를 보면서까지 무조건 도우라는 것이 아닙니다. 중소기업을 동등한 파트너로 인정해 정당하게 협력해야 한다는 말입니다. 나름의 강점을 지닌 여러 중소기업이 발전해야 대기업의 생산 품질도 더욱 좋아지게 됩니다.

＊ 분양: 건물이나 토지를 나누어 파는 것.

'동반 성장'을 꿈꾸는 중소기업과 대기업

앞서 중소기업과 대기업의 경쟁은 공정한 게임이 되기 어렵다고 말했습니다. 헤비급 선수와 플라이급 선수의 권투 시합 같다면 이해하기 쉬울지 모르겠네요. 아니, 헤비급 선수와 초등학생의 대결로 비교하는 편이 더 적절할 듯합니다.

그렇다면 중소기업은 모두 망할 수밖에 없는 운명일까요? 당연히 그렇지 않습니다. 지금도 많은 중소기업이 더욱 기술 개발에 힘쓰고 시대 변화에 빠르게 대응해 경쟁력을 키우고 있습니다. 중소기업의 경쟁력이 형편없으면 대기업의 뿌리도 흔들리게 마련이지요. 다시 한번 강조하지만, 크고 작은 기업들이 친구처럼 서로의 부족한 부분을 메워 줄 때 상생의 결과를 낳게 됩니다.

그렇다면 우리 사회는 중소기업의 성장을 위해 어떤 노력을 기울이고 있을까요?

우선 정부에서는 중소기업과 대기업이 공정한 거래를 하도록 감독합니다. 그동안 대기업은 중소기업에서 납품*하는 부품 가격을 후려치기 일쑤였지요. 그럼에도 중소기업은 이익을 거의 남기지 못한 채, 또는 손해를 보면서까지 대기업의 요구를 들어줘야 했습니다. 그렇지 않으면 거래 자체가 끊기게 됐으니까요.

중소기업의 기술을 빼앗고도 시치미 떼는 대기업의 나쁜 행동 역시 강력히 처벌하기로 했습니다. 이제는 그와 같은 문제로 갈등이 발생하면, 대기업 쪽에서 부당하게 기술을 빼앗지 않았다는 것을 증명해야 합니다. 아울러 법원에서 중소기업의 피해를 인정하면 법적 다툼 기간의 손해까지 계산해 대기업의 책임을 묻도록 했습니다.

또한 중소기업이 경쟁력을 발휘할 수 있는 사업을 선정해 대

---

* 납품 : 계약한 곳에 주문받은 물건을 가져다주는 것.

기업의 진출을 막는 정책도 펼치고 있습니다. 그 업종과 품목이 600개 가까이 되지요. 이를테면 두부의 경우 대기업이 새롭게 사업에 나서는 것을 금지했습니다. 이미 두부를 생산하고 판매하는 대기업이 있지만, 가능한 범위에서 중소기업을 보호하기로 한 것입니다.

대형 마트의 영업 제한도 그와 같은 의미에서 시작됐습니다. 현재 우리나라 각 지방자치단체는 대형 마트를 매달 2일씩 의무적으로 쉬게 하고 있습니다. 매일 밤 12시부터 오전 10시까지 문을 열지 못하도록 영업시간도 규제하고 있지요. 그와 같은 제도는 전통 시장과 소규모 가게들의 장사에 도움을 주기 위해 만들어졌습니다. 대기업이 운영하는 대형 마트와 1인 기업이라고 할 수 있는 자영업자들의 상생을 이끄는 것이지요.

아울러 중소기업의 자생력을 높이는 데 도움이 될 여러 정책을 준비했습니다. 즉 중소기업 스스로 미래를 개척해 나갈 수 있게 능력을 키워 주기로 한 것입니다. 좋은 사업 계획이 있는 중소기업에 자금을 빌려주고, 국가에서 추진하는 연구와 개발에도 폭넓게 참여시킵니다. 특히 법을 잘 지키면서 경영을 하거나 친환경 사업을 펼치는 회사에는 다양한 혜택을 주고 있습니다.

그처럼 우리 사회에서 중소기업의 성장을 위해 노력하는 이유는 동반 성장이 중요하기 때문입니다. 동반 성장이란, 간단히 말해 대기업과 중소기업이 함께 발전하는 것입니다. 그래야만 사회 구성원이 고루 잘살게 되고, 국가 경제도 더욱 튼튼해집니다.

대한민국 경제에 삼성전자나 현대자동차 같은 대기업은 큰 자랑거리입니다. 다른 나라 사람들이 우리 대기업의 제품을 사용하는 것을 보면 괜히 어깨가 으쓱하기도 하지요. 하지만 대기업만큼 중소기업이 성장하지 못하면 모래 위에 세워 놓은 커다란 집이 되기 십상입니다. 자칫 한순간에 허물어질 수 있다는 뜻이지요. 많은 중소기업이 탄탄하게 기초를 다져야 대기업도 계속 발전하게 됩니다. 그것이 바로 동반 성장의 힘입니다.

한 걸음 더 ①

경제든 스포츠든 정정당당하게 경쟁하자고!

기업은 경쟁 상대가 없을 때 고객을 무시하기 십상입니다. 상품의 품질이 나빠지고, 가격도 터무니없이 올리는 등 횡포를 부리게 되지요. 그래서 대부분의 나라에서는 기업의 '독과점'을 금지합니다. 독과점이란, '독점'과 '과점'을 합쳐 부르는 경제 용어입니다. 독점은 말 그대로 경쟁 상대가 전혀 없는 상태를 일컫지요. 과점은 독점보다는 상황이 낫지만, 역시 경쟁 상대가 거의 없는 경우를 말합니다.

어느 나라에 화장지를 만드는 회사가 한 곳밖에 없다고 가정해 볼까요? 화장지는 모든 사람이 매일 쓰는 상품이므로, 이 회사는 시장을 독점해 많은 이득을 보게 됩니다.

"이봐, 골치 아프게 뭐 하러 신제품을 개발해? 대충 만들어도 사람들은 우리 회사 화장지를 사서 쓸 수밖에 없다고."

"이거야말로 식은 죽 먹기군. 값도 다시 올려야겠어. 우리 회사 제품이 싫으면 옛날처럼 신문지를 구겨 화장지로 쓰라지 뭐."

만약 두세 곳의 회사에서 화장지를 만든다고 해도 사정이 썩 나아질 것은 없습니다. 여차하면 두세 곳의 회사가 힘을 합쳐 자기들 맘대로 시장을 움직이려 들 테니까요.

"우리끼리 경쟁하면 이윤이 줄어들게 뻔해. 그러니 앞으로는 화장지값을 똑같이 올리자고. 어떤 경우든 우리의 이익을 위해 단합해야 해."

이렇게 되면 가장 큰 피해를 보는 것은 고객입니다. 가격과 품질을 따져 내 마음에 드는 상품을 선택할 자유를 잃게 되니까요. 오히려 품질 낮은 상품을 비싼 값에 사야 하는 어처구니없는 사태가 벌어지지요.

우리나라의 정부 기관 중에 '공정거래위원회'라는 곳이 있습니다. 공정거래위원회는 독과점을 방지해 기업들이 공정하고 자유로운 경쟁을 벌이도록 돕는 것이 설립 목적이지요. 운동선수는 경쟁자가 있을 때 실력이 늘고 겸손해지는데, 경제도 그와 다르지 않습니다.

한 걸음 더 ②

중소기업이든 대기업이든 '고용'이 필요해

요즘 심각한 사회 문제 가운데 하나가 '취업난'입니다. 말 그대로 취업을 하기가 쉽지 않다는 것이지요. 경제 상황이 나빠지고 산업 시설의 자동화가 이루어지면서, 빠르게 일자리가 줄어드는 업종이 적지 않습니다.

"아, 직장 구하기가 이렇게 어려울 줄이야……. 도서관에 들어앉아 줄곧 취업 준비를 했는데 떨어지고 말았어."

"너는 몇 번이나 떨어졌는데 그래? 나는 이력서를 낸 회사만 벌써 서른 곳이 넘어. 이제 적성을 따지기는커녕 무슨 일이든 맡겨만 주면 해 봐야겠다는 생각이야."

대학생들의 이런 대화는 우리 사회에서 낯선 풍경이 아닙니다. 성인이 되면 회사에 취직해 일하는 것이 무척 중요한 문제지요. 경제적으로 독립해야 하니까요.

그런 면에서도 기업의 존재와 성장은 필요합니다. 기업이 활발히 생산 활동을 하게 되면 자연히 일자리가 늘어나거든요. 정부가 기업의 설립과 발전을 도와야 하는 까닭도 결국 국민을 위한 것입니다.

우리나라에서는 만 15세 이상이 되면 경제 활동이 가능하다고 봅니다.

그 가운데 실제 돈을 벌기 위해 일하고 있거나 일자리를 찾는 사람들을 '경제활동인구'라고 하지요. 그들이 적극적으로 일자리를 찾아도 취업하지 못하면 실업률이 올라가게 됩니다.

"으아, 고민이네! 졸업도 하기 전에 여기저기서 서로 자기 회사에 취업을 해 달라고 난리니 말이야. 세상에 왜 이렇게 일자리가 많은 거야?"

바로 이런 것을 두고 행복한 고민이라고 하겠지요? 앞으로 여러분이 성인이 되었을 때는 우리나라 경제 상황이 이렇게 바뀌면 좋겠습니다.

우리나라의 실업률 그래프

장애인과 비장애인

장애는 불편하다.
하지만 불행한 것은 아니다.

_ 헬렌 켈러

불가능을 가능으로 만들기도 하는 인간

 여러분은 '장애인 올림픽'에 대해 알고 있나요?
 '패럴림픽'이라고도 하는 장애인 올림픽은 1960년 제17회 로마 올림픽 이후부터 개최되고 있습니다. 여기서 '이후'라는 표현을 쓴 것은 올림픽이 폐막한 뒤, 곧 같은 장소에서 장애인 올림픽이 열리기 때문입니다. 장애인 올림픽은 '신체적·감각적 장애가 있는 운동선수들이 참가해 펼치는 올림픽 경기'를 의미하지요. 최근 대회에서는 20여 개 종목에 4000명 넘는 선수들이 출전해 오랫동안 갈고닦은 실력을 겨뤘습니다.
 올림픽 경기는 관중들에게 감동을 주는 스포츠 잔치로 알려져 있습니다. 인간의 한계를 뛰어넘으려는 선수들의 노력과 정당한 경쟁이 큰 박수를 받지요. 그런데 감동이라는 면에서 보면 장애인 올림픽이 단연 최고라고 할 만합니다. 저마다 크고 작은 장애를 극복하며 인간 승리의 드라마를 써 내려가기 때문이지요.
 지난 2018년 평창에서 열린 장애인 올림픽에서도 감동은 계속됐습니다. 당시 성화 봉송에는 몇몇 장애인이 참여했는데, 그들 가운데 전직 장애인 국가대표 수영 선수도 포함되어 있었습니다.

그는 사고로 양쪽 다리를 잃고 오른손에도 장애가 있었지만 수영 선수로 뛰어난 능력을 발휘했지요. 후배에게 대표 자리를 물려주고 성화 봉송 주자로 나선 그는 당당했습니다. 비록 몸의 움직임은 조금 불편해 보였어도 자신이 맡은 구간을 씩씩하게 달렸지요. 그의 표정에는 자신감이 넘쳐흘렀습니다.

또한 평창 장애인 올림픽에서는 우리나라 아이스하키 대표팀이 사상 처음으로 동메달을 땄습니다. 그들 중 누구 하나 굳센 의지로 역경을 극복하지 않은 사람이 없었지요. 특히 한 선수는 북한에서 열차 사고를 당해 왼쪽 발목이 절단되는 장애를 입었다고 합니다. 그럼에도 그는 탈북에 성공했고, 대한민국 국가대표로 태극마크를 다는 기적을 일구었지요.

우리는 이미 자신의 한계를 뛰어넘은 여러 장애인의 사연을 알고 있습니다. 그들의 이야기를 통해 다른 장애인은 용기를 얻고, 비장애인은 인간을 더 깊이 이해하게 되었지요. 대표적인 사례로 헬렌 켈러를 빼놓을 수 없습니다. 그는 어릴 적에 병을 앓아 시력과 청력을 모두 잃었습니다. 게다가 말도 하지 못하게 되어 힘겨운 일상을 살아갈 수밖에 없었지요.

그러나 헬렌 켈러의 삶은 여느 비장애인보다 더 열정적이었습니다. 그는 적극적인 자세로 교육을

시력과 청력을 잃었지만 사회를 위해 헌신한 헬렌 켈러
ⓒ wikimedia commons | Public Domain

받았고, 그렇게 쌓은 능력으로 사회를 위해 헌신했지요. 그는 노동자와 여성의 권리를 주장하며 투쟁한 사회 운동가였습니다. 아동 노동과 인종 차별에도 반대했지요. 자신과 비슷한 처지의 장애인들이 제대로 교육받도록 지속적인 노력을 기울이기도 했습니다.

어디 헬렌 켈러뿐이겠습니까? 위대한 작곡가 루트비히 판 베토벤은 청각 장애를 무릅쓰고 창작에 매달려 수많은 명곡을 탄생시켰습니다. 몇 해 전 세상을 떠난 스티븐 호킹은 온몸의 근육이 서서히 굳어 가는 루게릭병을 앓으면서도 20세기 최고의 물리학자가 됐지요. 우리나라 최초의 시각 장애인 유학생이었던 강영우는 미국에서 박사 학위를 받아 대학교수가 됐습니다. 그는 나중에 백악관*에 들어가 미국 장애인 정책의 책임자로 일해 교민들의 자긍심을 높이기도 했지요.

그렇다고 장애를 극복하는 위대한 삶이 몇몇 위인에게만 해당하는 것은 아닙니다. 우리 사회의 많은 장애인이 자신의 삶을 꿋꿋이 개척해 나가고 있으니까요. 꼭 대단한 성공이 아니더라도, 그들은

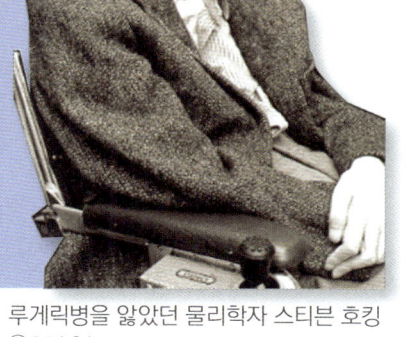
루게릭병을 앓았던 물리학자 스티븐 호킹
ⓒ NASA

* 백악관: 미국 대통령이 나랏일을 보는 곳. 워싱턴에 있으며, 1815년 개장할 때 바깥벽을 흰색으로 칠한 데서 이름이 유래됐다.

일상에서 충분히 자존감을 느끼며 생활합니다. 자존감이란, 스스로 품위를 지키고 자기를 존중하는 마음이지요. 그것은 삶에 대한 올바른 자세와 성실한 노력으로 만들어집니다. 장애가 있고 없음은 상관없는 일입니다. 이 책을 읽고 있는 여러분이 장애인인지 비장애인인지 하나도 중요하지 않은 것처럼 말입니다.

누구나 장애인이
될 수 있어요

　미국의 제32대 대통령은 프랭클린 루스벨트입니다. 그는 1933년 대통령에 당선됐지요. 그의 재임 기간은 무려 12년이나 됩니다. 혹시 독재자였냐고요? 아닙니다. 루스벨트는 미국 역사상 유일하게 네 번이나 연속으로 대통령에 당선된 인물입니다. 그만큼 나랏일을 잘해 국민에게 열광적인 지지를 받은 것이지요. 그는 대통령 자리에 있으면서 미국 경제에 활력을 불어넣었고, 제2차 세계대전을 끝내기 위해 많은 노력을 기울였습니다.

　그런데 루스벨트가 단지 대통령으로서 남긴 업적 때문에 지금까지 찬사를 받는 것은 아닙니다. 그는 소아마비* 장애를 가진 사람이었습니다. 그것도 청년기를 지난 서른아홉 살에 소아마비에 걸려 큰 좌절에 빠졌지요. 한동안 자살을 생각할 만큼 상실감이 컸습니다. 처음에는 자기 힘으로 한 발짝도 걸을 수 없어 누군가의 부축을 받아야만 했으니까요.

　하지만 루스벨트는 그대로 주저앉지 않았습니다. 몇 년에 걸친

---
* 소아마비 : 어린이에게 주로 발생하는 운동 기능 마비 증상. 뇌 장애 또는 급성 감염증이 원인이다.

미국의 32대 대통령 프랭클린 루스벨트
ⓒ Pharaoh Hound/ wikimedia commons

재활 치료를 통해 힘겹게나마 스스로 걸음을 옮길 만큼 회복됐지요. 그는 목발을 짚으면서 또다시 의욕적으로 정치 현장을 누비고 다녔습니다. 그가 연설을 마치면 항상 엄청난 박수가 쏟아졌지요. 당시 여러 어려움에 빠져 있던 미국 국민들은 그를 바라보며 용기와 희망을 얻었습니다.

사실 루스벨트의 소아마비는 증세가 심각했습니다. 다만 대중 앞에서는 혼자 힘으로 움직이는 모습을 보이려고 애썼기 때문에, 국민들은 그에게 장애가 있다는 것을 깜빡 잊기도 했지요. 그러나 육체적 고통이 만만치 않았습니다. 평소에는 휠체어에 의지해야만 생활할 수 있을 정도였지요. 그럼에도 루스벨트는 여느 비장애인 대통령보다 더 훌륭한 업적을 남겼습니다. "우리가 두려워할 것은 두려움 그 자체다."라고 했던 자신의 말처럼 누구보다 열정적으로 인생을 살았던 것입니다.

여러분은 프랭클린 루스벨트처럼 뒤늦게 장애인이 되는 고통을 상상해 본 적 있나요? 그런 일은 아주 일부의 사람들에게만 닥치는 불행이라고 생각할지 모르겠군요. 그러나 우리 사회의 장애인 중 상당수는 후천적으로 장애를 갖게 된 것입니다. 헬렌 켈러처럼 처음부터 장애를 갖고 태어나는 선천적 장애인보다 오히려 그 수가 더 많지요.

통계에 따르면, 우리나라의 장애인 등록 수는 약 250만 명을 넘는다고 합니다. 전체 국민 20명 중 1명에 해당하는 5퍼센트 비율이니 꽤 많은 사람이 장애를 가진 것이지요. 그런데 더욱 놀라운 것은 그 가운데 선천적 장애인의 비율이 10퍼센트 남짓밖에 되지 않는다는 점입니다. 나머지 90퍼센트는 교통사고나 질병, 산업재해* 등으로 장애를 얻게 됐다는 말이지요.

방금 통계에서 살펴보았듯, 이제 장애인이 되는 것은 누구나 맞닥뜨릴 수 있는 삶의 난관입니다. 오늘 비장애인으로 살고 있다고 해서 내일 장애인이 되지 않는다고 장담하기는 어렵습니다. 또한 갑자기 장애를 얻게 됐다고 해서 비장애인과 다른 삶을 살아야 할 이유도 절대 없습니다.

미국에서 판사로 활동하고 있는 정범진에 관해 이야기해 볼까요?

그는 대학생 때 교통사고로 목뼈를 다쳐 전신 마비 장애인이 되었습니다. 그 역시 오랫동안 절망감에 휩싸였지만, 어느 날 우연히 공동묘지에 갔다가 생각을 바꾸었지요. '비좁은 관 속에 누워 있는 것보다는 휠체어를 타고서라도 넓은 세상을 살아가는

---

* 산업재해: 노동 중에 일어난 사고로 몸과 마음에 피해를 보는 것.

게 훨씬 즐겁지 않은가!' 이렇게 마음먹은 정범진은 다시 씩씩한 젊은이로 돌아와 열심히 학교생활을 했습니다. 그리고 강력 사건을 담당하는 검사가 되어 맹활약하다가 지금은 판사로 일하고 있지요.

  우리 주위에는 자신의 삶을 함부로 내팽개친 비장애인이 무척 많습니다. 결국 한 사람의 인생을 성공과 실패로 나누는 것은 삶을 대하는 자세입니다. 프랭클린 루스벨트와 정범진이 그런 진리를 잘 보여 주고 있습니다.

우리 사회를 이끌어 가는
동등한 구성원

얼마 전, 젊은 학부모들이 같은 동네 주민들 앞에 무릎을 꿇었습니다. 그들의 눈에는 눈물이 그렁했지요.

"주민 여러분, 제발 특수학교 설립을 허락해 주세요! 만약 이곳에 학교를 만들지 않으면, 장애를 가진 우리 아이들이 계속 다른 동네로 가서 공부할 수밖에 없습니다."

"그건 당신들 사정 아니오? 이미 우리 동네에는 장애인을 위한 복지 시설이 있는데, 특수학교까지 생기면 집값이 떨어질 게 뻔하니 어쩔 수 없소."

그 동네와 가까운 곳에는 특수학교가 하나도 없었습니다. 학교를 지으려고 해도 마땅한 공간이 없었지요. 그런데 기존에 있던 공공시설 하나가 이전하면서 그 자리에 특수학교를 설립하려는 움직임이 나타났습니다. 그때까지 장애가 있는 아이들은 멀리 다른 동네의 특수학교로 등하교를 하는 형편이었지요. 그런데 일부 주민들의 반대가 만만치 않았습니다. 장애 아동의 학부모들이 무릎을 꿇고 눈물로 호소했지만 좀처럼 갈등이 잦아들지 않았지요.

그 후 특수학교 설립은 1년 만에 조금씩 해결의 실마리를 찾기 시작했습니다. 교육청과 구청이 나서서 여러 차례 토론회를 열고 반대하는 주민들을 설득했지요. 그럼에도 특수학교 설립은 여전히 언제 폭발할지 모르는 문제로 남아 있습니다.

　이 사건에서 보듯, 아직 우리 사회는 장애인을 이방인 취급하기 일쑤입니다. 가까운 이웃으로 살아가면서도 서로 잘 어울리지 못하는 것이 현실이지요. 앞서 이야기한 것처럼 누구나 장애를 갖게 될 수 있는데, 비장애인은 장애인 문제를 철저히 남의 일로 여기고는 합니다. 심지어 장애인에 대한 차별을 대수롭지 않게 받아들이는 잘못된 문화도 있지요. 하지만 그것은 우리나라 헌법 정신에 맞지 않습니다. 대한민국 헌법은 모든 국민의 평등권을 보장하고 있으니까요. 앞서 특수학교와 관련된 교육 문제만 해도 '모든 국민은 능력에 따라 균등하게 교육받을 권리가 있다.'라고 밝혀 두었습니다.

　요즘 길을 가다 보면 장애인에 대한 배려를 곳곳에서 확인할 수 있습니다. 공공시설 주차장에는 장애인을 위한 공간이 따로 마련되어 있지요. 인도에는 점자 블록을 깔아 시각 장애인의 외출을 돕고, 버스와 지하철에는 휠체어를 고정할 수 있는 장치를 설치해 놓았습니다. 중요한 뉴스를 전할 때는 수어* 방송을 함께 해 청각 장애인의 불편을 덜어 주기도 하지요. 또한 사회복지를 폭넓게 추진해 장애인의 치료와 재활을 돕고 경제적인 지원을 합

---

* 수어 : 몸짓이나 손짓으로 표현하는 청각 장애인의 의사 전달 언어.

니다. 그 밖에 '장애인 차별 금지법'을 만들어 법적인 보호에도 적극적으로 나서고 있습니다.

그럼에도 우리 사회는 아직 장애인 정책과 관련해 개선할 점이 적지 않습니다. 장애인을 위한 여러 편의 시설이 겉만 그럴듯하고 실제로는 별 도움이 안 되는 사례가 많거든요. 이를테면 지하철역의 휠체어 리프트를 이야기할 수 있습니다. 그것을 장애인

혼자 작동하기는 현실적으로 어려워 직원의 도움을 받아야 하는데, 그 과정이 매우 위험한 경우가 있지요. 실제로 직원 호출 버튼을 누르려던 장애인이 사망하는 사고가 몇 차례 일어나기도 했습니다. 그처럼 언뜻 별일 아닌 것으로 보이는 일이 어떤 사람들에게는 또 하나의 장벽으로 느껴지기도 하지요. 오죽하면 장애인 단체에서 휠체어 리프트를 없애라는 시위를 벌이기까지 했을까요. 그와 같은 사고는 비장애인의 눈높이에서 장애인 문제를 판단하기 때문에 생겨나는 것입니다. 무엇보다 중요한 것은 장애와 장애인을 바라보는 사회의 시각이지요. 거듭 강조하지만, 비장애인은 누구나 장애인이 될 수 있다는 사실을 자주 잊습니다. 그런 탓에 장애인을 멀리하려 들거나 무조건 동정하는 잘못을 저지르지요.

흔히 장애인을 가리켜 '사회적 약자'라고 표현합니다. 장애인이 사회적 약자인 것은 세상이 비장애인의 편의를 위주로 발전해 왔기 때문입니다. 장애인 개개인은 비장애인이 그렇듯 결코 특별한 사람이 아닙니다. 그냥 우리의 가족이고, 우리의 이웃이며, 또 우리 모두의 모습입니다. 장애인은 비장애인과 함께 우리 사회를 이끌어 가는 동등한 구성원이지요. 다만 약간의 불편이 있어, 가끔 누군가의 배려가 필요할 뿐입니다.

한 걸음 더 ①

행복한 사회를 만들기 위해 노력하는 시민 단체

　국회의원 선거를 앞둔 어느 날, '전국장애인차별철폐연대'에서 기자 회견을 열었습니다. 그동안 장애인을 비하하거나 차별하는 발언을 한 국회의원 후보들을 국민에게 알리는 것이 목적이었지요. 그처럼 우리 사회에는 장애인의 인권 보호를 위해 활동하는 시민 단체가 있습니다. 전국장애인차별철폐연대를 비롯해 '장애우권익문제연구소', '장애와인권발바닥행동' 등을 예로 들 수 있지요.

　현재 우리나라에는 여러 시민 단체가 다양한 분야에서 활동 중입니다. 우선 사회 개혁을 위해 노력하는 시민 단체를 이야기할 수 있습니다. '참여연대', '경제정의실천시민연합', '함께하는시민행동' 등이 대표적입니다. 환경 운동을 펼쳐 나가는 시민 단체도 있습니다. 그들은 마구잡이로 이루어지는 개발 정책을 비판하는 등 환경 보호에 앞장섭니다. '녹색연합', '환경운동연합' 등이 있습니다. 그다음은 경제 관련 문제에 관심을 두고 활동하는 시민 단체입니다. 우리의 일상생활에 직접 도움이 되는 일을 많이 담당하지요. '녹색소비자연대', '한국소비자생활연구원' 등이 있습니다. 또한 사회복지를 위해 노력하는 시민 단체의 활약도 눈여겨볼 만합니다. 그들은 우리 사회의 약자를 돕는 데 최선을 다하지요. 앞서 설명한 장애인 관련 시민 단체들을 비롯해 '사랑의장기기증운동본부' 등이 그런 역할을 합니다. 그 밖에 문화 관련 시민 단체인 '한글문화연대', 청소년을 위한 '푸른나무재단' 등도 있습니다.

어때요, 시민 단체의 활동이 무척 다양하지요?

그와 같은 시민 단체들이 있어 우리 사회가 좀 더 바람직한 방향으로 발전하는 것입니다. 시민 단체는 자신의 이익 대신 여러 사람의 이익을 위해 일하니까요. 여러분도 앞으로 시민 단체에서 활약하겠다는 꿈을 가져 볼 만합니다.

시각 장애인용 문자, 점자가 궁금해?

    청각 장애인은 주로 몸짓이나 손짓으로 표현하는 '수어'를 통해 의사 전달을 합니다. 눈에 문제가 없다면 책을 읽을 때는 불편을 느끼지 않지요. 그와 달리 시각 장애인은 듣거나 말하기 위해 수어를 배우지 않아도 됩니다. 하지만 독서를 하려면 뭔가 그들만의 문자가 필요하지요. 그런 이유로 개발된 것이 다름 아닌 '점자'입니다.

    점자는 볼록한 점들의 위치를 이용해 문자를 표현하도록 만들어졌습니다. 일반적으로 여섯 개의 점을 이용해 문자를 나타내는데, 눈이 아닌 손끝으로 그것을 느껴 의미를 파악하지요. 오늘날과 같은 형태의 점자는 1829년 프랑스 사람 루이 브라유가 발표한 논문에서 처음 확인할 수 있습니다. 지금도 서양의 점자는 그가 개발한 방식을 기본으로 사용한다고 합니다.

    그럼 우리나라에서는 언제부터 점자가 쓰였을까요?

    시각 장애인을 위한 한글 점자가 완성된 해는 1926년입니다. 교사로 일하던 박두성이 수년간 연구해 여섯 개의 점으로 구성된 한글 점자 '훈맹정음'을 만들었습니다. '백성을 가르치는 바른 소리'라는 뜻의 훈민정음에 빗대어 '맹인, 즉 시각 장애인을 가르치는 바른 소리'라는 의미로 훈맹정음이

한글 점자를 만든 박두성
ⓒ 송암 박두성 기념관

점자를 처음 만든 루이 브라유
ⓒ historytoday | Public Domain

라는 명칭을 붙인 것입니다. 그래서 사람들은 박두성을 '시각 장애인의 세종대왕'이라고 부르며 찬사를 보냈지요.

당시 시각 장애인에 대한 박두성의 사랑을 확인할 수 있는 일화가 하나 있습니다. 그는 죽기 직전 유언을 남기면서 "점자책은 쌓아 두지 말고 반드시 꽂아 둬라."라고 말했습니다. 왜 그랬을까요? 그 이유는 손끝의 감각으로 읽어야 하는 점자의 특성상, 책 무게에 볼록한 점들이 짓눌려 그 뜻을 알기 어렵게 될까 봐 걱정했기 때문입니다.

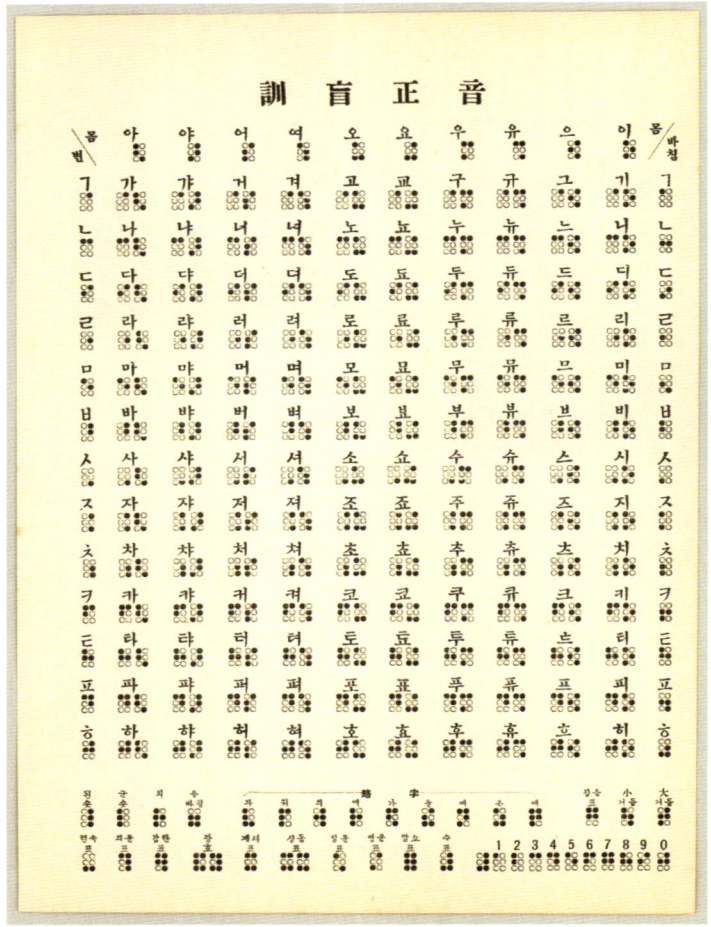

박두성이 만든 한글 점자 훈맹정음
ⓒ 송암 박두성 기념관

단일민족과 다민족

사람이 사람을 미워하는 데는 여러 가지 이유가 있다.
하지만 피부색이 그것에 포함될 수는 없다.

_ 피 위 리즈

단일민족의 자긍심을
인류애로 발전시키기

'살색'이라는 색에 대해 들어 본 적 있나요? 그 색을 상상하면, 머릿속에 어떤 빛깔이 떠오르나요?

2000년대 이전에는 크레파스에 살색이라고 불리는 색깔이 있었습니다. 그런데 이제는 살색이라는 표현 대신 '살구색'이라는 명칭을 쓰게 됐지요. 그 까닭은 살색이라는 말 속에 인종을 차별하는 의미가 담겨 있기 때문입니다.

여러분이 알다시피 사람들의 피부색은 다양합니다. 우리는 황인종이지만 흑인도 있고 백인도 있지요. 또 혼혈인도 있고요. 그러니 황인종의 피부색만 살색이라고 한다면, 하얀색이나 검은색에 가까울 경우 살색이 될 수 없다는 뜻입니다.

우리나라 사람들은 오랜 세월 단일민족이라는 자긍심을 갖고 살아왔습니다. 그래서 우리와 피부색이 다르고 문화가 다른 사람들을 잘 받아들이지 못했지요. 괜히 두려워하거나 차별하고, 때로는 미워하기까지 했습니다.

하지만 오늘날의 사회는 그런 닫힌 생각으로 살아갈 수 없습니다. 이제는 단일민족의 자긍심을 넘어 모든 인류를 사랑하는 마음을 가져야 하지요. 우리와 피부색이 다르다는 이유로 사람을 차별하는 것은 정말 유치한 짓입니다.

현재 우리나라에는 수많은 외국인이 들어와 생활하고 있습니다. 길거리에서 외국인과 마주치는 일이 더는 새삼스럽지 않지요. 어디 그뿐인가요. 요즘은 우리나라에서 제작하는 텔레비전 프로그램에도 외국인이 등장하는 것을 쉽게 볼 수 있습니다. 대한민국 문화와 언어에 능통한 그들을 보면 외국인이 맞나 싶을 정도지요.

우리나라에서 생활하는 외국인은 주재원*, 유학생, 결혼 이민자* 등 다양한 부류의 사람들입니다. 그중에는 이주 노동자라고 불리는 사람들도 있지요. 그들은 우리나라 사람들이 더럽고 힘들다며 멀리하는 일을 기꺼이 맡아 하는 경우가 많습니다. 작은 공장과 농어촌에서 일하고 돈을 벌어 자기 나라에서 어렵게 생활하는 가족을 돕지요.

그런데 우리 사회에는 그들을 업신여기는 분위기가 있습니다. 함부로 반말하고, 심지어 폭력까지 일삼지요. 그들의 문화를 이해하려는 노력은 별로 없습니다. 그들도 자기 나라에 돌아가면 존경받는 부모이고 사랑받는 아들딸인데 말입니다.

한때 우리나라 사람들도 외국에 나가 궂은일을 하고 외화를 벌어 오던 시절이 있었습니다. 그때를 생각해서라도 이주 노동자들

* 주재원: 회사 등에서 임무를 띠고 파견되어 머무는 사람.
* 결혼 이민자: 결혼을 통해 자기 나라를 떠나 다른 나라에 정착한 사람.

을 따뜻한 마음으로 대해 줘야 합니다. 인종이나 민족을 구분하기 이전에 우리는 모두 같은 인간이니까요.

이주 노동자를 비롯해 주재원과 유학생은 언젠가 다시 자신의 나라로 돌아갈 사람들입니다. 그들은 우리나라에서 지내며 겪었던 일을 통해 대한민국 사회가 어떤지 판단합니다. 만약 우리가 그 사람들을 따뜻한 인류애로 대한다면 긍정적인 기억을 더 많이 갖게 되겠지요. 또한 최근에는 우리나라 사람과 결혼해 정착하는 외국인도 흔해졌습니다. 그러다 보니 자연스레 혼혈아도 빠르게 늘고 있지요. 당연히 그들 역시 대한민국 국민이며, 우리의 이웃입니다. 국적은 피부색으로 결정되는 것이 아니고, 같은 공간에서 서로 어울려 살면 모두 이웃이기 때문입니다.

살색이라는 표현을 살구색으로 바꾸었다고 해서 당장 달라지는 것은 없습니다. 아무리 좋은 제도도 사회 구성원들이 진심으로 받아들이지 않으면 효과를 보기 어렵습니다. 우리의 생각과 마음이 변해야 모든 사람이 차별받지 않는 성숙한 사회가 되는 것입니다.

차별은 끔찍한 비극을 불러와요

갑자기 여러분 앞에 외국인이 나타나 영어로 길을 물어보면 어떤 생각이 들까요? 아마 적극적인 성격을 가진 어린이라면 아는 단어를 전부 끌어모아 조금이라도 도움을 주려고 노력할 것입니다. 그와 달리 소심한 성격이라면 빨리 그 자리에서 벗어나고 싶겠지요. 그처럼 외국인을 불편해하는 마음 자체를 혐오와 차별이라고 표현할 수는 없습니다. 다만 외국인과 맞닥뜨린 상황이 두렵고 불편할 뿐이니까요.

우리와 다른 사람들에 대한 혐오와 차별은 고의로 저지르는 악행입니다. 방금 이야기한 소심한 성격의 어린이처럼 순진하게 드러나는 행동이 아니지요. 우리 사회에서는 다른 민족과 인종에 대한 적개심이 아직 심각하게 나타나고 있지 않지만, 결코 안심할 수는 없습니다. 우리나라에도 적지 않은 사람들이 외국인에게 혐오와 차별을 드러내고 있으니까요. 그 사람들은 외국인이 일자리를 빼앗고 범죄를 저지르며, 우리 고유의 문화를 파괴한다고 믿습니다. 함께 어울려 살아가야 할 이웃이 아니라, 이 땅에서 내쫓아야 할 침입자로 보는 것이지요.

자기 민족을 사랑하는 차원을 넘어 다른 민족과 인종에 적개심을 느끼는 것은 매우 위험합니다. 인류의 역사가 그런 사실을 증명합니다.

독일의 히틀러 정권은 국민을 선동해 제2차 세계대전을 일으켰습니다. 6년 동안 이어진 전쟁으로 전체 사망자 수만 약 5000만 명에 달하는 엄청난 피해를 주었지요. 그들이 저지른 만행 가운데 절대 빼놓으면 안 되는 것이 '홀로코스트'입니다. 이것은 제2차 세계대전 당시 히틀러 정권이 저지른 학살극을 일컫는데, 주로 희생된 사람들은 유대인*이었습니다.

히틀러는 일찍이 유대인을 뿔 달린 괴물처럼 여기며 지독한 반감을 드러냈습니다. 독일 민족이 세상에서 가장 위대하며, 유대인은 돈만 밝히는 열등한 민족으로 취급했지요. 나아가 유대인을 말살해야 할 대상으로 판단해 온갖 학대를 일삼았습니다. 그는 유대인을 강제 수용소에 가둬 철저히 고립시켰지요. 그리고 전쟁 중

제2차 세계대전을 일으켜 많은 사람을 죽음으로 내몰았던 아돌프 히틀러
ⓒ German Federal Archive

---

* 유대인 : 유대교를 믿으며, 히브리어를 사용하는 민족.

히틀러가 만든 아우슈비츠 포로수용소에 갇혀 있던 어린이 생존자들
ⓒ wikimedia commons | Public Domain

에는 더욱 광기를 부려 유럽 내 유대인 900만 명 중 무려 600만 명을 죽음으로 내몰았습니다.

미국에서 일어난 인종 차별의 역사도 만만치 않습니다. 에이브러햄 링컨 대통령이 노예 해방을 선언한 것은 1863년의 일이지요. 하지만 그 후로도 오랜 세월 동안 백인이 갖는 권리를 흑인은 누릴 수 없었습니다. 흑인에게는 민주주의의 상징으로 일컬어지는 완전한 참정권조차 1964년이 되어서야 주어졌으니까요.

미국에서는 백인과 흑인이 생활하는 공간을 아예 분리하는 것도 당연하게 받아들이던 시절이 있었습니다. 학교도 마찬가지였지요. 흑인과 백인이 같은 학교에 다니도록 법원에서 판결을 내린

남북전쟁에서 이겨 노예 제도를 없애고 미국 연방이 흩어지지 않게 막은 에이브러햄 링컨
ⓒ Alexander Gardner | Public Domain

흑인의 자리와 백인의 자리가 나눠진 1950년대 미국의 버스 안 풍경
ⓒ Bettmann Archives

것은 1954년의 일입니다. 그마저 공립 학교에 한정된 것이라, 그 결정이 미국 사회 전체에 뿌리내리기까지는 수십 년의 시간이 더 필요했습니다. 버스 안에 흑인과 백인의 자리를 따로 정해 둔 정책 역시 1956년이 되어서야 폐지됐고요.

오늘날까지 미국 사회에는 흑인에 대한 차별이 알게 모르게 널리 퍼져 있습니다. 많은 법이 바뀌었지만, 사람들의 생각까지 변한 것은 아니기 때문이지요. 인종 차별의 대상은 단지 흑인으로만 그치지 않습니다. 중남미를 비롯해 아시아 사람들까지 각종 차별에 피해를 볼 때가 많지요. 결국 인종 차별주의자들은 흑인이라서가 아니라, 자신들과 다른 피부색을 모두 혐오하는 것입니다. 어리석게도, 그들에게는 인간보다 민족이나 인종이 중요하니까요. 또 다른 의미의 홀로코스트가 미국에도 있는 셈입니다.

다양성의 장점 깨우치기

다시 독일 이야기를 좀 해 봐야겠습니다.

독일은 역사적으로 홀로코스트 범죄를 저지른 국가라는 오명을 안고 있습니다. 그것은 한 국가가 잔혹하기 짝이 없는 방법을 동원해 유대인 전부를 몰살하려고 했던 엄청난 범죄였지요. 독일은 전쟁이 끝나고 나서 엉망이 된 나라를 재건해 유럽의 중심 국가로 성장했습니다. 그리고 다행히 다른 민족과 인종을 혐오해 살육을 마다하지 않았던 잘못을 반성하며 열린 마음으로 외국인을 받아들이고 있지요.

현재 독일의 총인구수는 약 8300만 명이라고 합니다. 그중 다른 나라 여권*을 가진 사람을 포함한 외국인 거주민은 820만 명 정도지요. 그러니까 독일 전체 인구 가운데 외국인 비율이 9.9퍼센트에 달한다는 것입니다.

그렇다면 우리나라에 거주하는 외국인 수는 얼마나 될까요? 2019년 기준으로, 우리나라에 머무는 외국인은 173만 명쯤 된

---

* 여권: 외국에 간 사람의 신분이나 국적을 증명하는 문서.

다고 합니다. 관광 등을 목적으로 짧은 기간 입국한 사람들은 제외한 숫자입니다. 전체 인구 중 3.5퍼센트 가까운 비율로, 그 수치는 해마다 늘어나고 있지요. 학자들은 우리나라가 곧 본격적인 다문화 사회가 될 것이라고 평가합니다.

이미 말했듯, 대한민국은 오랫동안 단일민족이라는 자긍심을 갖고 살아왔습니다. 학교에서도 그 점을 강조하며 우리나라의 자랑거리로 교육했지요. 사실 여기에는 단일민족이 '화합', 다민족은 '혼란'이라는 편견이 들어 있었습니다. 한창 경제 개발을 하던 시기였으므로, 모든 국민이 단일민족이라는 일체감*으로 단결해 노력하자는 의미였지요. 그러다 보니 우리는 다른 민족이나 다른 인종과 섞여 살아가는 것에 막연한 불안감을 느끼게 됐습니다. 그런 감정이 좀 더 나빠져 배타성을 띠기도 했지요. 배타성이란, 상대를 따돌리고 거부하며 밀어내는 성질을 말합니다.

하지만 지금은 세상이 빠르게 달라지고 있습니다. 세계 각국 사람들과 교류하는 일이 옛날과는 비교할 수조차 없게 늘어났지요. 여행은 말할 것 없고, 공부나 취업을 위해 외국에 나가는 사람들이 매우 많아졌습니다. 또 그만큼 우리나라가 좋아 직접 찾아오는 사람들의 숫자도 크게 증가했고요. 그중에는 결혼이나 귀화*를 통해 대한민국 국민이 된 사람들도 드물지 않습니다. 결혼 이민자만 해도 1년에 16만 명 안팎이나 된다고 하니 꽤 많은 숫자

---

* 일체감: 남과 어우러져 하나가 되는 감정.
* 귀화: 다른 나라의 국적을 얻어 그 나라 국민이 되는 일.

입니다.

앞서 독일에 거주하는 외국인의 비율이 9.9퍼센트나 된다고 설명했던 것 기억하나요?

특이하게도, 그중에는 해외 난민*이 상당수 포함되어 있습니다. 독일에 망명을 신청하는 난민만 해도 해마다 수십만 명에 이른다고 하지요. 신청자 모두에게 정착을 허용하는 것은 아니지만, 독일 정부에서는 그들을 받아들이기 위해 적극적으로 노력하고 있습니다. 그 결과 독일 내 외국인의 약 15퍼센트가 전쟁과 가난, 독재 정치 등을 피해 도망 온 해외 난민들이라고 합니다. 독일은 어느 나라보다 앞장서서 해외 난민을 따뜻하게 품어 주고 있는 것입니다.

물론 우리나라가 독일과 같은 정책을 펼치기는 어렵습니다. 두 나라가 처한 상황이 다르고, 국민의 동의도 얻어야 하기 때문이지요. 그러나 결혼 이민자나 이주 노동자 등을 대하는 자세는 곰곰이 반성해 봐야 합니다. 그들은 우리 사회의 다양성을 키우는 데 중요한 역할을 할 수 있습니다. 모름지기 선진국이라면 다양성을 인정할 줄 알아야 합니다. 다양성을 갖춘 사회는 문화와 경제가 더욱 발전하고, 민주주의도 한층 성숙하지요. 이제는 단일민족이라는 자긍심만으로 살아갈 수 없는 세상입니다.

---

* 난민: 전쟁이나 극심한 가난 등 재난을 당해 어려움에 빠진 사람.

"우리는 모두 사이좋은 친구입니다."

한 걸음 더 ①

대한민국 국민이 되는 '귀화'의 조건

우리나라에는 귀화 제도가 있습니다. 세계 어느 나라 사람이라도 일정한 조건을 갖추면 대한민국 국민이 될 수 있다는 말입니다. 흔히 귀화는 두 가지로 구분됩니다. 그중 하나는 결혼이나 입양 등을 통해 귀화하는 경우입니다. 그리고 또 다른 하나는 개인이 귀화 신청을 해서 허가를 받는 경우지요. 오늘날에는 대부분의 나라에서 개인이 국적을 포기하거나 취득하는 자유를 존중하고 있습니다.

그럼 대한민국 국민으로 귀화하기 위해서는 어떤 조건을 갖춰야 할까요?

우선 일반 귀화의 조건은 다섯 가지입니다. 첫째, 5년 이상 계속해서 대한민국에 주소를 두고 있어야 합니다. 둘째, 만 19세 이상의 성년이어야 합니다. 셋째, 품행이 단정해야 합니다. 넷째, 재산 또는 기술이 있거나 생계를 도와주는 가족이 있어야 합니다. 다섯째, 한국어 능력과 한국 문화에 대한 이해가 있어 대한민국 국민이 될 자질을 갖춰야 합니다.

그런데 일반 귀화 말고 간이 귀화와 특별 귀화도 있습니다. 예를 들어 아빠나 엄마가 우리나라 국민이었을 경우에는 대한민국에 3년만 계속 거주

해도 귀화 허가를 받을 수 있습니다. 그 밖에 한국 사람과 결혼한 뒤 우리나라에 2년 이상 주소를 두고 있는 외국인도 간이 귀화가 가능합니다.

특별 귀화는 엄마나 아빠가 대한민국 국민일 경우 이뤄집니다. 아울러 우리나라에 특별한 공로가 있거나, 어떤 분야에 우수한 재능을 가져 대한민국에 도움이 될 만한 사람도 특별 귀화 대상이 됩니다. 케냐 사람이었던 마라톤 선수 윌슨 로야나에 에루페가 특별 귀화 허가를 받아 대한민국 국가대표가 된 것이 그런 사례입니다.

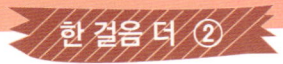

'다문화 가정'은 당연히 대한민국 국민이지

요즘 다문화 가정이라는 말이 자주 사용되고 있습니다. 이 책을 읽는 어린이 중에도 다문화 가정 친구들이 있을지 모르겠군요.

사실 다문화 가정이란 용어가 바람직한 것은 아닙니다. 그들은 대부분 이미 귀화 과정을 거쳐 당당히 대한민국 국민이 된 사람들이니까요. 그런 가정에서 태어난 친구들은 출생 순간부터 대한민국 국민이며, 언어와 문화적인 면에서도 완전한 한국인입니다. 그럼에도 우리 사회에서 다문화 가정이라는 말이 여전히 쓰이는 것은 정부에서 정책을 펼치거나 통계를 낼 때 편리한 면이 있기 때문입니다. 앞으로 우리 사회의 포용력이 더 커지면 그와 같은 용어는 점점 사라지겠지요.

현재 우리나라 인구 중 5퍼센트 정도가 다문화 가정을 이루고 있다고 합니다. 학자들은 흔히 총인구 대비 5퍼센트를 기준으로 '다문화 사회'인지 아닌지 구분하지요. 그러니까 우리 사회는 막 다문화 사회에 접어들었다고 볼 수 있습니다. 다문화 가정의 자녀 수 역시 20만 명이 훌쩍 넘었기 때문에, 여러 학교에서 적지 않은 친구들이 열심히 공부하고 있을 게 틀림없습니다. 머지않아 다문화 가정 출신 학생이 30~40퍼센트 이상을 차지하는 학교도 적잖이 나타날 것입니다.

다문화 사회는 분명한 현실입니다. 이제 어느 나라 사람인지, 어떤 민족이고 어떤 인종인지 꼬치꼬치 따지던 시대는 지나갔습니다. 우리 사회에서 어울려 살아가는 사람들은 민족과 인종을 떠나 모두 이웃입니다. 하물며 정당한 절차를 거쳐 대한민국 국민이 된 사람들에게 편견과 선입견을 품는 일은 절대 없어야 합니다. 나아가 그들의 자녀는 처음부터 그냥 대한민국 사람인 것입니다.

선진국과 후진국

부자를 더 부자로 만든다고
우리 모두 부자가 되는 것은 아니다.

_ 장하준

대한민국,
선진국으로 인정받다

　이번 장에서 다룰 선진국과 후진국은 주로 경제력 차이에 따라 구분됩니다. 따라서 '부자 나라'와 '가난한 나라'로 불러도 별문제가 없지요. 다만 경제적으로 잘사는 나라라고 해서 무조건 선진국으로 인정받는 것은 아닙니다. 중동의 여러 나라가 석유 때문에 부자가 됐지만, 선뜻 선진국이라는 평가를 받지 못하는 것처럼 말입니다. 모름지기 선진국이 되려면 정치적으로 민주주의를 이뤄야 합니다. 사회·문화적으로도 모범을 보여야 하고요.
　그럼에도 자본주의 체제에서는 어느 면보다 경제력을 우선시하는 경우가 많습니다. 그에 따라 선진국과 후진국을 나누는 것이지요. 후진국을 벗어나 선진국이 되려고 열심히 노력하는 나라를 개발도상국이나 신흥공업국이라고 부르기도 합니다.
　만약 전 세계를 하나의 사회로 본다면, 우리 사회가 그렇듯 국가 간에 여러 형태의 충돌이 빚어지고 있습니다. 선진국과 후진국 사이에도 숱한 편견이 존재하지요. 특히 이번 장을 통해, 여러분이 국제사회의 경제적 갈등에 대해 생각해 보는 계기가 되면 좋겠습니다.
　그럼 우리 이야기로 시작해 보겠습니다. 대한민국은 선진국일까요, 후진국일까요?

우리나라는 빠르게 민주주의를 정착시켰습니다. 사회·문화적으로도 선진국이라고 불리는 데 부족함이 없게 됐지요. 경제력 역시 대단해서 세계 10위권 정도로 평가받습니다.

지난 1996년 12월, 대한민국 경제 발전에 의미 있는 일이 있었습니다. 경제 선진국들을 중심으로 한 국제기구인 '경제협력개발기구(OECD)'에 우리나라가 가입한 것이지요. 아시아에서는 일본에 이어 두 번째였고, 전 세계로 따져도 스물아홉 번째였습니다.

경제협력개발기구는 1960년에 설립됐습니다. 경제 선진국들이 서로 협력해 지속적인 발전을 이루려고 만들었지요. 아울러 무역이 좀 더 활발하게 이루어지게 하고, 후진국에 대한 지원을 늘리는 것도 중요한 목적이었습니다.

경제협력개발기구 설립 당시 회원국은 유럽의 18개 국가와 미국, 캐나다뿐이었습니다. 하지만 한국, 그리스, 멕시코 등이 잇달아 참여해 2019년 기준으로 회원국이 37개 나라가 됐지요. 물론 그중에는 아직 선진국이라고 할 수 없는 나라들도 있습니다. 그렇지만 어느 수준 이상의 경제 발전 없이 경제협력개발기구에 가입하는 것은 불가능합니다.

"경제협력개발기구 회원국이 되었다는 것은 우리나라가 자본주의 경제의 우등생이라는 증거입니다. 또한 정치적으로도 민주주의 국가로 인정받은 것입니다. 앞으로 우리나라는 경제협력개발기구 회원국답게 더욱 당당히 세계 무대로 나아가겠습니다!"

우리나라 정부는 경제협력개발기구 가입을 무척 자랑스러워했습니다. 국민들도 크나큰 자부심을 느꼈지요. 그런데 좋은 일 뒤에는 나쁜 일이 찾아오는 법이라고 했던가요. 이듬해 우리나라는 국제통화기금(IMF)*의 금융 지원을 받아야 하는 경제 위기를 맞고 말았습니다.

"요즘 우리나라가 경제협력개발기구 가입 등으로 너무 들떠 있었어. 국민은 과소비를 일삼았고, 기업들은 지나치게 많은 빚을 내 마구 사업을 벌였지. 게다가 정부는 국내외 경제 상황이 심상치 않은데 아무런 대책도 마련하지 못했어."

당시 우리나라 국민은 엄청난 고통을 겪어야 했습니다. 기업들이 잇달아 문을 닫았고, 노동자들은 대책 없이 일자리에서 쫓겨났지요. 수십 년 동안 이룬 경제 발전이 하루아침에 허물어질 듯했습니다.

그러나 대한민국은 좌절하지 않았습니다. 차마 견디기 힘든 고통에 잠시 쓰러지기는 했지만, 다시 용기를 내 일어섰지요. 제 살을 도려내는 아픔을 견디며 경제의 기초를 단단히 다졌습니다. 결국 우리나라는 3년 만에 잃어버렸던 경제 주권*을 되찾게 됐지요. 그리고 경제협력개발기구 가입보다 더 빛나는 열매를 거두기 위해 오늘도 열심히 달리고 있습니다.

---

* 국제통화기금 : 세계 무역의 안정을 위해 설립한 국제 금융 기구. 우리에게는 '아이엠에프(IMF) 사태'로 잘 알려져 있다.
* 경제 주권 : 경제 문제에 관해, 국가의 의사를 결정하는 절대적이고 자주적인 힘.

언제까지 비참한 삶을 살아야 하나요?

우리나라는 경제 발전에 성공하면서 가난을 벗어났습니다. 아직 경제적 어려움을 겪는 사람들이 있고 빈익빈 부익부 문제도 나타나지만, 국가적 빈곤은 완전히 탈출한 것입니다. 하지만 우리와 달리 여전히 후진국의 굴레에서 고통받으며 극심한 가난에 시달리는 사람들이 많습니다. 그들의 삶이 얼마나 비참한지는 몇 가지 사례만 살펴봐도 충분히 짐작됩니다.

여기서 이야기하는 나라들은 후진국 중에서도 최빈국이라고 할 만합니다. 전 세계에서 '가장 가난한 나라'인 것이지요. 한 나라에서 1년 동안 생산하는 모든 것의 가치가 한 사람당 1000달러도 되지 않는 국가들입니다. 참고로, 우리나라는 그 수치가 4만 달러에 이릅니다. 최빈국은 대부분 아프리카 국가이며 아시아에도 일부 있지요. 이를테면 르완다, 남수단, 부룬디, 시에라리온, 에티오피아, 짐바브웨, 아프가니스탄 같은 나라들입니다.

오늘날 밥을 굶는다는 것은 어떤 의미일까요?

우리나라의 경우라면 대부분 바빠서 끼니를 걸렀다거나 다이어트 때문에 음식을 멀리한다고 말할 것입니다. 지금도 먹을거리

굶주림에 시달리는 에티오피아의 어린이들
ⓒ Rod Waddington/wikimedia commons

를 사지 못할 만큼 가난한 사람들이 없는 것은 아니지만, 우리 사회에는 사회복지 제도가 마련되어 있지요. 하지만 최빈국의 상황은 그렇지 못합니다. 전 세계 인구 중 기아에 허덕이는 사람들이 10퍼센트나 된다니 놀라울 따름이지요. 그들의 정부는 자기 국민에게 최소한의 식량을 제공해 줄 능력도 없습니다.

최빈국에서는 우리 돈 200원이면 한 끼 식사를 해결할 수 있다고 합니다. 우리 돈 1000원이면 결핵에 걸린 가난한 나라 어린이에게 한 주일 치 치료제를 줄 수 있지요. 또한 3000원 정도면 한

달 치 초등학교 교육비로 충분합니다. 우리나라에서 군것질 값밖에 안 되는 적은 돈이 어느 나라에서는 사람의 생명을 지키기도 하는 것입니다.

아프리카 남수단에서는 우리 돈 1만 원 정도면 다섯 식구가 보름 동안 먹을 옥수수를 살 수 있습니다. 에티오피아에서는 신발이 귀해 많은 어린이가 맨발로 생활하지요. 그 아이들의 발은 피부에 굳은살이 박이고 발톱이 흉하게 갈라져 흡사 나무뿌리처럼 보일 지경입니다. 아프가니스탄에서는 너무 가난해 자신의 어린 자식을 일꾼 등으로 팔아넘기는 일까지 심심찮게 일어나고 있습니다.

최빈국의 비극은 그것만이 아닙니다. 마음 놓고 마실 깨끗한 물조차 없어 질병에 시달리는 사람들이 끊이지 않지요. 배앓이는 말할 것 없고 온갖 전염병으로 고통받습니다. 아프고 다쳐도 치료받을 병원마저 부족합니다. 설령 운 좋게 병원에 가 봤자 변변한 의료 기기와 약이 준비되어 있지 않습니다. 게다가 가뭄 같은 자연재해까지 가난한 사람들을 괴롭히기 일쑤입니다. 툭하면 전쟁이 벌어져 불쌍한 사람들끼리 서로 무기를 겨누는 어처구니없는 상황도 자주 볼 수 있습니다. 그런 곳에서 학교에 다니며 미래를 꿈꾸는 것은 아무나 누리는 행운이 아닙니다.

그 시각 우리나라를 비롯한 선진국 국민은 어떤 삶을 살고 있나요?

우리는 그들과 달리 지나치게 많은 먹을거리 때문에 고민입니다. 살이 찔까 봐 걱정이고, 멀쩡한 음식을 내다 버려도 죄책감을 느끼지 않지요. 수도꼭지를 열기만 하면 언제든지 깨끗한 물로 몸을 씻을 수 있습니다. 그것으로 부족해 마실 물은 따로 구입하기도 하지요. 병원에 가면 실력 있는 의사들이 좋은 의료 기기를 사용해 우리를 치료해 줍니다. 누구나 학교에 다니며, 한 인간으로서 인권을 보호받지요. 우리는 이제 그런 것을 너무나 당연하게 받아들일 만큼 풍요 속에 살고 있습니다. 지구촌 어디에서는 기적같이 여겨지는 일들이 우리에게는 평범한 일상입니다.

사다리를 걷어차지 마!

여러분에게 질문하겠습니다. 최빈국의 가난은 오로지 그들의 책임일까요? 후진국의 발전이 더딘 것을 선진국은 그냥 지켜보기만 해도 될까요?

가난한 나라는 그럴 만한 이유가 있습니다. 그중 하나는 천연자원이 부족하거나 자연재해가 심한 경우지요. 부룬디와 르완다 같은 나라는 인구에 비해 국토가 좁고 내세울 만한 천연자원이 없습니다. 산악 지대가 많은데, 그나마 나무조차 드문 벌거숭이 산들이지요.

또 다른 이유는 불안한 정치 때문입니다. 여러 후진국이 독재를 일삼는 정치가들의 악행에 신음하고 있습니다. 그런 정치가들은 국민을 행복하게 하는 데 관심을 두지 않지요. 오로지 자신들의 이익과 편의만을 좇을 뿐입니다.

아프리카와 아시아를 중심으로 최빈국이 생겨난 책임에서 서양의 선진국들도 자유롭지 못합니다. 그들의 식민지* 지배를 받

---
* 식민지: 다른 국가에 정치적·경제적 주권을 빼앗긴 나라.

아 지금까지 후유증에 시달리는 나라가 아주 많거든요.

여러분이 아프리카 지도를 살펴보면 이상한 점을 발견할 수 있습니다. 흔히 각 나라 사이의 국경선은 산이나 강 같은 자연환경을 기준으로 정해집니다. 또한 전쟁으로 영토를 뺏고 빼앗기는 과정을 통해 결정되기도 하지요. 그러다 보니 대부분의 국경선이 꼬불꼬불한 형태로 자연스러운 모습을 띠게 됩니다.

그런데 아프리카 대륙은 다릅니다. 마치 자를 대고 그은 듯한 국경선이 많은 것을 볼 수 있지요. 그것은 유럽 국가들이 아프리카를 식민지로 삼으면서 자기들끼리 마음대로 땅을 나눠 가졌기 때문입니다. 그 후 아프리카에서 유럽 국가들이 물러갔지만, 대부분의 나라가 그 국경선을 따라 독립했습니다. 식민지 지배를 당하는 동안 온갖 수탈*을 당해 가난해진 상태로 국가의 살림을 꾸려 가게 된 것이지요. 아울러 여러 종족이 한 나라 안에 마구잡이로 뒤섞이다 보니, 내전이 끊이지 않게 됐습니다. 그러므로 오늘날 선진국 자리에 있는 여러 유럽 국가들이 최빈국의 가난에 책임이 있다는 말입니다.

식민지 시대에 그랬듯, 서양의 여러 국가는 다른 나라들을 착취해서 발전한 면이 있습니다. 그 후에도 그들은 가난한 나라에서 적은 임금을 주고 노동자를 고용해 상품을 생산해 왔습니다. 그 상품을 다시 가난한 사람들에게 팔아 이익을 남기기도 했고요.

---

* 수탈: 강제로 빼앗는 것.

그 과정에 환경까지 파괴되는 부작용이 있었지만, 그 피해는 주로 가난한 나라들이 감당해야 했습니다. 아무리 발버둥을 쳐도 선진국에 이용만 당하는 후진국은 살림살이가 나아지지 않았지요.

어디 그뿐인가요. 이제 선진국은 자신들이 나라를 발전시키는 데 사용했던 사다리를 걷어차 버리려는 움직임을 보입니다. 앞으로는 후진국을 생각해 주는 척하면서, 뒤로는 그들이 따라오지 못하게 장애물을 만들고 있지요. 그들은 이제 와서 자신들의 잣대로 환경 보호를 강요합니다. 자기 나라의 맑은 공기를 위해 후진국이 함부로 공장을 돌리지 못하게 막는 것이지요. 후진국의 독재자에게 몰래 힘을 보태는 일도 드물지 않습니다. 그 독재자가 자신들의 말을 잘 듣는 사람이라면 말입니다. 후진국 국민의 삶은 별로 상관하지 않습니다.

그런데 다행히 선진국이 진심으로 후진국을 돕는 사례도 나타나고 있습니다. 그중 대표적인 것이 '공적개발원조'입니다. 좀 어려운 용어인데, 한마디로 선진국 모임인 경제협력개발기구 국가들이 다양한 형태로 후진국을 지원하는 것입니다. 여기에는 우리나라도 동참해 중요한 역할을 하고 있습니다.

더불어 정부가 아닌 일반인들도 최빈국의 가난한 사람들을 돕기 위해 다양한 활동을 펼칩니다. 여러분은 텔레비전을 통해 월드비전, 세이브더칠드런, 굿네이버스 같은 단체가 모금 활동을 하는 것을 본 적 있지요? 그 밖에도 많은 개인과 기업이 자신들의 재능과 경제력으로 후진국의 삶의 질을 높이기 위해 노력하고 있습니다.

한 걸음 더 ①

도움을 받는 나라에서 도움을 주는 나라로

우리나라는 광복 이후 수십 년 동안 국제 사회의 원조를 받았습니다. 여기서 원조란, 경제적으로 여유 있는 국가가 다른 나라를 물품이나 돈으로 도와주는 것을 말하지요. 당시 원조받은 금액을 모두 더하면 120억 달러가 넘습니다. 아무것도 없는 형편에 외국의 원조는 경제 발전을 이루는 데 적지 않은 도움을 주었지요.

그 후 많은 세월이 흘렀고, 오늘날 대한민국은 더는 외국의 원조를 받는 나라가 아닙니다. 경제 강국으로 성장해 오히려 가난한 나라를 돕는 입장이 됐지요. 다시 말해 도움을 받는 나라에서 도움을 주는 나라가 된 것입니다. 우리나라가 앞서 이야기한 공적개발원조 등을 통해 본격적으로 외국에 경제적 도움을 준 지도 어느덧 30년이 지났습니다.

하지만 우리가 다른 나라를 돕는 데 쓰는 돈은 아직 많지 않다고 합니다. 그 금액이 2019년 기준으로 한 해 24억 달러나 되지만, 대한민국 경제 규모에 비하면 부족함이 있다는 것입니다. 현재 우리나라가 공적개발원조에 쓰는 돈을 국민 총소득과 비교하면 0.15퍼센트 정도 되지요. 그에 비해 일본은 0.28퍼센트를 지원하고 있습니다. 독일은 0.61퍼센트, 영국은 0.7퍼센트나 되고요. 대한민국의 공적개발원조 순위는 세계 15위권입니다.

　사실 대한민국처럼 짧은 시간에 도움을 받는 나라에서 도움을 주는 나라가 된 경우는 거의 없습니다. 국제 사회에 대한 지원도 빠르게 늘려 왔지요. 하지만 우리의 경제력이 커질수록 더욱 큰 책임감을 느껴야 합니다. 그래야 잘사는 대한민국을 넘어, 국제 사회의 인정을 받는 리더 국가가 될 수 있으니까요. 사람이든 국가든 혼자 잘 먹고 잘살 욕심만 부린다면 절대 존경받을 수 없습니다. 우리가 한때 도움을 받았듯, 우리도 적극적으로 가난한 나라를 도와야 합니다.

공적개발원조 국가 순위

순위	국가	순위	국가
1위	미국	11위	호주
2위	독일	12위	스위스
3위	영국	13위	스페인
4위	일본	14위	덴마크
5위	프랑스	15위	한국
6위	스웨덴	16위	벨기에
7위	네덜란드	17위	오스트리아
8위	이탈리아	18위	핀란드
9위	캐나다	19위	아일랜드
10위	노르웨이	20위	폴란드

한 걸음 더 ②

세계의 리더가 되려는 'G8' 선진국 모임

"어떤 일에나 리더가 있어야 합니다. 세계가 맞닥뜨린 경제 문제들을 해결하려면 우리가 먼저 힘을 모아야 해요."

"동의합니다. 우리 같은 경제 강국들이 앞장서서 세계 경제의 발전을 이끌어야 합니다."

1975년, 이 같은 주장을 하며 6개 나라 지도자들이 프랑스에서 처음 머리를 맞댔습니다. 그 나라들은 미국·영국·독일·프랑스·이탈리아·일본이었지요. 이듬해 캐나다가 합류해 7개 나라가 되었고, '지세븐(G7)'이라고 불리기 시작했습니다. 여기서 알파벳 '지(G)'는 '그룹(group)'을 의미합니다. 당시 G7은 전 세계 인구의 14퍼센트를 차지했습니다. 그러나 경제력 비중은 60퍼센트가 넘었지요. 1인당 국민소득은 세계 평균의 4배에 달했고요.

처음에 G7은 오로지 경제 문제만 다루었습니다. 이를테면 석윳값 안정과 경제 위기 해소, 가난한 나라들에 대한 지원 등이 주요 안건이었지요. 하지만 시간이 흐를수록 G7은 점점 정치와 외교 문제까지 의견을 나누었습니다. 최근에는 환경, 교육, 위생 문제 등도 중요하게 논의되고 있고요.

G7은 1997년 러시아가 참여해 '지에잇(G8)'이 되었습니다. 얼마 전부터

는 중국의 가입을 주장하는 목소리도 들려오고 있지요. 사실 중국은 경제 강국 모임에 참여할 만한 충분한 자격을 갖추고 있습니다. 이미 중국의 경제력은 미국에 맞설 만큼 성장했으니까요. 일부에서 중국의 참여를 반대하고 있지만, 그마저 러시아의 가입으로 설득력을 잃고 있습니다. 중국이나 러시아나 아직 민주주의를 실현하지 못했다는 점에서는 별로 다를 바가 없기 때문이지요.

현재 G8은 1년에 두세 차례씩 경제 관련 장관들이 모여 회의를 열고 있습니다. 아울러 해마다 한 차례씩은 각국의 최고 지도자들이 모여 정상회담을 개최하지요.

크리스트교와 불교

무엇보다 너 자신에게 진실해라.

_ 윌리엄 셰익스피어

종교가 달라서
싸운다고?

세상에는 다양한 종교가 있습니다. 그 가운데 크리스트교·불교·이슬람교 등이 대표적인 종교지요. 어느 나라는 거의 모든 국민이 하나의 종교를 믿고, 어느 나라는 여러 가지 종교가 사회 깊이 뿌리를 내리고 있습니다.

예를 들어 사우디아라비아는 국민 전부가 이슬람교를 믿는다고 해도 틀린 말이 아닙니다. 이슬람교는 무함마드가 만든 종교지요. 유일신* 알라를 믿으며, 경전* 『코란』의 가르침을 따릅니다. 그래서 사우디아라비아 국민은 대부분 비슷한 가치관과 생활 방식을 갖고 있습니다. 하루에 다섯 번씩 메카*를 향해 절을 한다거나, 해가 떴을 때 음식을 먹지 않는 라마단* 기간을 반드시 지키는 식이지요.

그와 달리 인도는 80퍼센트의 국민이 힌두교를, 13퍼센트의 국

---

* 유일신: 오직 하나밖에 없는 신.
* 경전: 종교 교리를 적은 책.
* 메카: 이슬람교 창시자인 무함마드(마호메트)가 태어난 곳. 사우디아라비아 서남부에 있다.
* 라마단: 이슬람력의 아홉 번째 달. 이슬람교도들은 라마단 기간을 신성한 달로 여기며 해가 떠 있는 낮에는 음식과 물을 먹지 않는다.

민이 이슬람교를 믿습니다. 크리스트교와 불교 신자도 제법 있지요. 그 밖에 자이나교와 시크교 같은 전통 신앙까지 뒤섞여 종교 박물관 같은 모습을 보입니다.

그럼 여러 인종이 모여 사는 미국은 어떨까요? 미국인의 종교는 예수 그리스도를 믿는 크리스트교가 가장 많은데, 그중에서도 개신교가 49퍼센트이며 가톨릭은 23퍼센트를 차지합니다. 그 밖에 유대인의 민족 종교인 유대교가 2퍼센트, 이슬람교 신자가 0.8퍼센트 정도 됩니다. 먼저 살펴본 사우디아라비아나 인도와 다른 점 중 하나는 특별한 종교가 없는 사람이 20퍼센트 남짓 된다는 사실이지요.

모름지기 모든 종교는 사랑과 평화, 자비의 정신을 강조합니다. 종교는 삶에 지친 사람들에게 위안을 주고, 더불어 살아가는 지혜를 일깨워 주지요. 종교가 현대 사회에 미치는 바람직한 영향은 한둘이 아닙니다. 정부의 손길이 닿지 않는 우리 사회의 소외된 사람들을 종교가 돌보기도 하지요. 무엇보다 지나친 경쟁으로 팍팍해진 현대인의 마음을 어루만져 주는 종교의 역할은 단연 최고라고 할 만합니다.

그러나 종교는 때로 심각한 문제를 불러일으키기도 합니다. 인간의 어리석은 이기심이 종교에까지 미치기 때문이지요. 사람들은 자신이 믿는 종교의 우월함을 주장하는 것도 모자라, 상대를 무력으로 괴롭히는 나쁜 짓까지 저지릅니다. 종종 벌어지는 테러와 전쟁의 배경에는 자신의 종교만 옳고, 다른 종교는 짓밟아도 된다고 믿는 폭력주의자들이 있지요.

 그런 사례는 인류의 역사를 살펴봐도 숱하게 많습니다. 그 가운데 하나가 '십자군 전쟁'입니다. 십자군 전쟁은 크리스트교와 이슬람교가 예루살렘 지역의 지배권을 놓고 충돌한 것이지요. 현재 이스라엘에 속해 있는 예루살렘은 크리스트교와 이슬람교에서 모두 성지*로 여겨 다툼이 잦았습니다. 1095년에 시작된 십자군 전쟁은 1456년까지 계속됐지요. 그사이 수많은 사람이 생명을 잃었고, 인류의 소중한 문화유산들이 파괴됐습니다. 평소 사랑과 평화를 강조해 온 두 종교가, 어처구니없게 그것과는 정반

프랑스 화가 클로드 자캉이 그린 십자군 전쟁의 모습
ⓒ Claude Jacquand, 〈Jacques Molay prend Jérusalem〉, 1299

＊ 성지: 특정 종교에서 신성시하는 곳.

대의 길을 걸었던 것입니다.

종교 차이에서 비롯된 전쟁의 형태는 다양합니다. 1600년대 초에 일어난 '30년 전쟁'은 개신교와 가톨릭의 싸움이었지요. 넓게 보면 같은 크리스트교를 믿는 유럽의 여러 나라가 두 부류로 나뉘어 30년 동안이나 전쟁을 벌인 것입니다. 그것은 결국 사망자 수만 해도 800만 명에 달하는 끔찍한 결과를 낳고 말았지요.

오늘날에도 종교로 인한 다툼은 끊이지 않고 있습니다. 인도에서는 힌두교와 이슬람교가 충돌하고, 스리랑카에서는 이슬람교와 불교가 서로에게 폭력을 휘두르지요. 한 나라 안에서도 종교가 다르다는 이유만으로 서로의 목숨을 빼앗는 일이 드물지 않습니다. 최근에는 일부 이슬람교 신자들이 자신의 목숨을 버리면서까지 테러를 일으켜 충격을 안겨 주기도 했지요. 그들은 과연 자신의 종교를 제대로 믿는 것일까요? 세상에 어떤 종교가 함부로 사람을 죽이고 다른 사람이 소중히 생각하는 것을 짓밟으라고 가르칠까요? 아무래도 그들은 자신이 믿는 종교의 경전을 잘못 이해하고 있는 것이 틀림없습니다.

신의 존재를 믿지 않는 사람들도 있어요

여기서 잠깐 주요 종교들이 어떻게 다른지 살펴보겠습니다. 먼저 크리스트교에 관해 이야기해 보지요.

크리스트교는 가톨릭·개신교·정교회를 통틀어 일컫는 말입니다. 가톨릭은 신부님과 수녀님이 있는 성당, 개신교는 목사님이 있는 교회를 떠올리면 여러분이 구분하기 쉬울지 모르겠네요. 정교회는 러시아와 동유럽, 그리스 등을 중심으로 발전한 크리스트교입니다.

크리스트교는 세상을 창조한 유일한 신이 하나님이라고 말합니다. 그리고 하나님의 말씀을 전하러 온 예수의 가르침을 따르지요. 하나님과 예수에 대한 신앙심이 깊으면 훗날 영혼이 구원을 받아 천국에 간다고 믿습니다. 크리스트교의 역사는 2000년이 넘으며 전 세계에 15억 명 이상의 신자가 있다고 합니다.

불교는 기원전* 6세기 무렵 인도의 석가모니가 만든 종교입니다. 아시아를 중심으로 널리 퍼져 세계 3대 종교 중 하나가 됐지

---

* 기원전: 예수가 태어난 해를 기준으로 하는 '서기' 이전의 시대. 반대말은 '기원후'이다.

요. 불교는 석가모니를 하나님 같은 유일신으로 숭배하지 않습니다. 누구든 이 세상의 번뇌에서 벗어나 해탈하면 부처가 될 수 있다고 가르치지요. 번뇌란 마음과 몸을 괴롭히는 다양한 욕망을 말합니다. 일상생활에서 느끼는 욕심이나 화, 미움 같은 감정이 모두 번뇌에 포함되지요. 그런 번뇌에서 자유로워진 상태가 해탈입니다. 크리스트교가 주로 사랑을 이야기한다면, 불교는 남을 가엾게 여길 줄 아는 자비를 강조합니다.

이슬람교는 이미 설명했듯 알라를 유일신으로 섬깁니다. 크리스트교의 하나님이 그들에게는 알라이지요. 이슬람교 신자를 무슬림이라고 하는데, '절대 순종하는 사람'이라는 뜻이 담겨 있습니다. 크리스트교보다는 적지만 이슬람교 신자 역시 9억 명쯤 된다고 하지요. 특히 이슬람교 신자가 절대적으로 많아 '이슬람 국가'라고 불리는 나라만 해도 40여 개국에 이릅니다.

이슬람교에는 라마단처럼 우리에게 낯선 생활 방식이 적지 않습니다. 하지만 그들이 가족을 무척 소중하게 생각하는 점은 우리의 전통과 닮았지요. 흔히 이슬람교 신자는 자기 개인보다 가족이 필요로 하는 것을 우선시한다고 합니다.

여러분은 종교가 있나요? 그렇지 않다면, 세 가지 종교에 대한 설명을 듣고 어디에 마음이 끌리나요?

세상에는 크리스트교·불교·이슬람교 말고도 다양한 종교들이 있습니다. 수많은 사람이 자신이 믿는 신을 인생의 등불로 밝혀 두지요. 신 앞에서 날마다 삶의 소망을 기원하고, 절망적인 상황에 맞닥뜨리면 도움을 달라며 매달립니다. 그런 면에서 모든 종교는 연약한 인간에게 든든한 버팀목이 되어 주는 셈입니다.

그런데 세상에는 아무런 종교도 갖지 않은 사람들 또한 아주 많습니다. 그중에는 어떤 종교를 믿을지 아직 마음의 결정을 내리지 못한 경우뿐만 아니라, 신의 존재를 아예 부정하는 사람들도 있지요. "세상에 신은 없어!"라고 주장하는 사람들을 무신론자라고 합니다. 그들은 자신이 살아 있으므로 세상이 의미가 있다고 생각하지요. 인간도 다른 생명체와 다름없이 죽은 뒤에는 자연으로 돌아갈 뿐이라고 말합니다. 심지어 신은 인간이 어떤 목적을 위해 만들어 낸 허무맹랑한 거짓말이라며 비판하기도 하지요.

신을 믿는 유신론자와 신이 없다고 주장하는 무신론자. 여러분은 어느 쪽 생각에 더 공감하나요? 이래저래 종교는 매우 복잡한 문제입니다.

종교 문제라면
대한민국은 모범 국가

종교 갈등은 많은 나라가 앓고 있는 심각한 문제입니다. 종교 때문에 숱한 사람들이 다투고, 목숨까지 잃는 일이 벌어지지요. 한 나라에 여러 종교가 뿌리를 내린 경우는 그 갈등이 훨씬 더 심합니다. 그런데 다양한 종교인들이 활발히 활동하는데도 별문제가 발생하지 않는 나라가 있습니다. 바로 대한민국입니다.

종교 갈등이란 면에서, 우리는 다른 나라들의 연구 대상입니다. 대한민국에는 전 세계 어떤 나라 못지않게 다양한 종교들이 있지요. 흔히 말하는 '다종교 국가'입니다.

몇 해 전 정부의 통계에 따르면, 우리나라 국민 중 56퍼센트 정도가 종교를 갖고 있다고 합니다. 전체 인구 중 개신교 신자가 19.7퍼센트, 불교 신자가 15.5퍼센트, 가톨릭 신자가 7.9퍼센트의 비율을 보이지요. 그 밖에 원불교, 천도교, 대종교 등의 종교를 믿는 신자도 적지 않습니다. 물론 종교가 없는 국민 역시 44퍼센트나 되고요.

그런데 우리나라에는 예나 지금이나 사회적으로 이렇다 할 종교 갈등이 없습니다. 전혀 다른 종교들을 믿으면서 우리나라 국민처럼 화합하며 살아가는 경우는 드물지요. 그러니 종교 갈등으로 고민하는 전 세계 국가들이 대한민국을 주목할 수밖에 없는 것입니다.

무엇보다 우리나라에는 각 종교의 화합을 위해 노력하는 사람들이 많습니다. 특히 종교인들이 직접 나서서 갈등과 미움을 없애는 데 앞장서고 있지요. 그중 하나가 '삼소회'라는 모임입니다.

삼소회는 불교의 비구니, 천주교의 수녀, 원불교의 정녀 등 각 종교의 여성 성직자들이 모여 만들었습니다. 1988년부터 시작됐으니, 꽤 오랜 역사를 갖고 있지요. 요즘도 삼소회는 매달 한 번씩 사찰과 성당, 원불교 교당 등에서 번갈아 만나며 기도와 명상을 함께합니다. 그들은 음악회나 걷기 행사 등을 자주 열어 종교가 다른 많은 사람이 서로 사이좋게 지낼 기회를 제공하지요.

"모임이 끝나고 가까운 식당에라도 가면 사람들이 '참 보기 좋다.'는 말을 해요. 그럴 때마다 종교의 화합을 바라는 마음이 크다는 것을 실감하지요. 일반 신자들도 가정과 사회에서 종교가 다르다는 이유로 서로 멀리하지 않았으면 좋겠어요."

삼소회는 각 종교의 성지를 순례하며 화합을 다지기도 합니다. 얼마 전에도 삼소회는 우리나라에 있는 원불교 성지를 시작으로 불교와 크리스트교 성지를 두루 둘러보았습니다.

종교 간 화합을 보여 주는 사례는 또 있습니다. 매년 크리스마스가 되면 여러 사찰에서 '예수님의 탄생을 축하드립니다.'라고 쓴 현수막을 내걸지요. 그와 마찬가지로 해마다 석가탄신일이 되

"각 종교의 여성 성직자들이 모여 삼소회를 만들었습니다."

면 여러 성당에서 '부처님오신날, 함께 기뻐합니다.'라는 문구를 적은 현수막을 걸어 놓습니다. 서울 성북동에서는 그런 화합의 장면을 상징하는 바자회*가 가을마다 열립니다. 가까운 교회와 사찰, 성당이 연합해 바자회를 개최한 다음 그 수익을 장학금으로 사용하지요.

그렇다고 해서 우리 사회에 종교 갈등이 전혀 없는 것은 아닙니

---

* 바자회: 주로 공공사업을 위해 돈을 마련할 목적으로 여는 시장.

다. 서로 종교가 다른 가족끼리 다툼을 벌였다는 언론 보도를 심심치 않게 볼 수 있으니까요. 이를테면 제사 문화를 두고 유교 관습을 따르려는 사람과 개신교 신자 사이에 의견 충돌이 빚어지고는 합니다. 하지만 그것이 외국처럼 사회 전체의 극단적인 충돌로 치닫는 경우는 없지요. 이 점은 앞으로도 반드시 지켜 가야 할 우리 사회의 큰 장점입니다.

한 걸음 더 ①

'크리스마스'와 '부처님오신날'

여러분은 크리스마스와 부처님오신날에 대해 얼마나 알고 있나요? 그냥 학교에 가지 않는 휴일이라 신나게 놀기만 했는지 모르겠네요. 크리스마스는 선물 받는 날로 알고, 부처님오신날이라고 하면 거리에 연등 밝히는 행사 정도만 떠올리나요?

그럼 두 기념일에 대해 간단히 알아보겠습니다.

우선 크리스마스는 크리스트교에서 예수 그리스도의 탄생을 기념하는 날입니다. '성탄절'이라고도 하는데, 매년 12월 25일을 기념일로 따르지요. 우리나라는 일찍이 1949년부터 크리스마스를 법정 공휴일로 지정했습니다. 그 후 크리스트교 신자가 늘어나고 서양 문화가 빠르게 뿌리내리면서, 이제 크리스마스는 우리 사회의 중요한 기념일 중 하나로 자리 잡았지요. 꼭 크리스트교 신자가 아니더라도 누구나 즐거운 축제일로 받아들이게 된 것입니다.

상식 하나 더. 크리스마스를 'X-mas'라고 표현하는 경우가 있습니다. 여기서 'X'는 그리스도를 뜻하는 그리스어 단어의 첫 글자를 따온 것이지요. 그러니까 로마자 알파벳의 'X'가 아니라는 말입니다. 그것을 읽을 때는

'엑스마스'보다 '크리스마스'라고 하는 편이 낫습니다.

    부처님오신날은 불교 창시자인 석가모니의 탄생을 기념하기 위해 만든 날입니다. 그래서 '석가탄신일'로 부르기도 하며, 1975년부터 법정 공휴일이 됐습니다. 매년 음력 4월 8일을 기념일로 삼지요.

부처님오신날을 기념하는 연등
ⓒ Dylan Park/flickr

거리를 장식한 크리스마스트리
ⓒ Jordan Fischer/wikimedia commons

    부처님오신날 역시 크리스마스가 그렇듯 특정 종교의 기념일로 그치지 않습니다. 우리나라에서 크리스마스가 겨울 축제처럼 되었다면, 부처님오신날은 봄나들이를 하기에 안성맞춤입니다. 양력으로 따지면 주로 4월 말에서 5월 중순 사이기 때문에 사람들이 바깥 활동을 하기 딱 좋지요. 특히 부처님오신날이 다가오면 주요 거리마다 연등을 매달아 분위기를 띄웁니다. 이날 사찰에 가면 공짜로 공양도 할 수 있지요. 공양이란, 사찰에서 식사를 일컫는 말입니다.

한 걸음 더 ②

'모스크'가 뭐야?

앞에서 교회, 성당, 사찰 같은 용어를 자주 썼습니다. 교회는 크리스트교 신자들이 모여 예배를 올리는 장소를 말합니다. 개신교와 가톨릭 모두 교회라는 명칭을 사용하지요. 특별히 가톨릭 의식이 행해지는 교회를 성당이라고 부릅니다. 사찰은 스님들이 부처에게 기원하며 불교 교리를 전파하는 곳입니다. 흔히 '절'이라고 하지요. 원불교에서는 사찰과 같은 역할을 하는 곳을 교당이라고 부릅니다.

그럼 모스크는 무엇일까요? 그것은 이슬람교에서 예배 올리는 장소를 일컫는 용어입니다. '성원'이라고도 하지요. 모스크라는 말에는 '이마를 땅에 대고 절하는 곳'이라는 뜻이 담겨 있습니다.

모스크에 들어서면 맨 먼저 물을 담아 놓은 널따란 그릇을 보게 됩니다. 샘물이 고이는 장치를 마련해 두기도 하지요. 그 물은 기도하기 전 몸을 청결히 하는 의식에 쓰입니다. 또한 모스크에서 중요하게 생각하는 장치는 '키블라'입니다. 그것은 무슬림, 즉 이슬람교 신자들이 예배하는 방향을 가리킵니다. 어느 모스크든 키블라는 사우디아라비아 메카의 신전 쪽으로 향해 있습니다.

서울 한남동에 있는 모스크 서울중앙성원
ⓒ Jinho Jung/flickr

질문 하나 더. 대한민국에서도 모스크를 볼 수 있을까요?

우리나라에는 여러분이 예상하는 것보다 더 많은 모스크가 있습니다. 2018년 조사에 따르면, 모두 17개라고 하지요. 그러나 뾰족한 첨탑과 둥근 지붕, 다채로운 빛깔 같은 모스크 본래의 특성을 가진 곳은 별로 없습니다. 동남아 노동자 등 우리 사회에 적지 않은 무슬림이 있지만, 아직 이슬람교에 대한 인식이 폭넓게 자리 잡지 못했기 때문입니다. 만약 모스크가 궁금하다면, 서울 용산구 한남동에 있는 '서울중앙성원'에 가 볼 만합니다.

주역과 단역배우

너 자신이 돼라,
다른 사람은 이미 있으니까.

_ 오스카 와일드

승자만 기억하는 세상

서울 시내의 한 호텔에서 프로 야구 신인 지명 행사가 열렸습니다. 프로 야구 신인 지명은 고등학교나 대학교를 졸업하는 학생 야구 선수들에게 매우 중요한 일입니다. 대부분 10년 넘게 야구를 해 왔지만, 프로 야구팀에 지명받지 못하면 선수 생활을 계속하기 어렵기 때문입니다. 공부하는 학생들과 비교하면, 수능일이나 취업을 위한 최종 면접일이 그와 비슷하다고 할까요? 전국에서 올라와 호텔 행사장에 모인 학생 선수들은 너나없이 긴장한 표정이었습니다.

"난 야구밖에 할 줄 몰라. 초등학교 3학년 때부터 프로 야구 선수가 되기 위해 지금까지 달려왔는데, 오늘 지명받지 못하면 어떡하지? 부모님도 무척 실망하실 거야……."

"무조건 열심히 노력만 하면, 나도 류현진 같은 선수가 될 줄 알았어. 그런데 프로 야구 선수가 되는 것조차 이렇게 힘들 줄이야!"

그해 프로 야구 신인 지명 행사에 참가한 선수들은 모두 1078명이었습니다. 그들은 고등학교나 대학교를 졸업한 뒤 야구를 직업으로 삼고 싶어 하는 사람들이었지요. 그러니까 프로 야구 선수를 꿈꾸는 학생들이 해마다 1000명 넘게 쏟아져 나오는 것입니다.

하지만 그날 프로 야구팀의 지명을 받은 선수는 110명밖에 되지 않았습니다. 비율로 따지면 10퍼센트 정도였지요. 일찌감치 스스로 기대를 접고 행사에 참가하지 않은 선수들까지 더하면 그 비율은 더 낮아집니다. 그날만 해도 968명의 학생 선수들이 자신의 삶에서 야구를 그만둬야 할 위기에 처한 것이지요.

프로 야구팀의 지명을 받은 110명의 선수라고 해서 야구 인생을 보장받는 것은 아닙니다. 그들 중 대부분은 경쟁에서 밀려 단 한 번도 1군 경기에 나서 보지 못합니다. 다행히 1군에서 뛴다고 해도 주전인지, 후보인지에 따라 선수들 사이에 연봉 차이가 크게 벌어질 수밖에 없습니다. 여러분이 잘 아는 스타 선수가 되는 것은 그야말로 하늘의 별 따기처럼 힘들지요. 텔레비전 중계를 보면 실수투성이인 프로 야구 선수조차 그 자리에 오기까지 엄청나게 많은 경쟁을 통과한 것입니다.

그런 일은 야구에서만 일어나는 것이 아닙니다. 요즘은 '1등만 살아남는다.'라거나 '세상은 1등만 기억한다.'라는 말이 거리낌 없이 쓰이지요. 1등이 아닌 기업은 망하고, 2등은 누구도 알아주지 않는다는 극단적인 표현입니다. 얼마 전 한 텔레비전 광고는 "인류 역사상 달에 두 번째로 발을 내디딘 사람이 누구일까요?"라는 질문을 통해 그와 같은 세상의 분위기를 강조했습니다. 여러분 역시 최초로 달을 밟은 닐 암스트롱은 알아도 두 번째 인물에

인류 역사상 두 번째로 달에 발을 내디딘 우주 비행사 버즈 올버린
ⓒ NASA

사람들이 닐 암스트롱의 모습으로 많이 알고 있는 이 사진은 사실 닐 암스트롱이 찍은 버즈 올버린의 모습
ⓒ NASA

대해서는 들어 본 적이 없을 겁니다.

현대 사회에서 경쟁은 피할 수 없는 면이 있습니다. 어떤 일이든 성공을 꿈꾸는 사람은 많고, 승자의 자리는 한정돼 있기 때문이지요. 경쟁이라고 해서 무조건 부정적으로 보는 것도 바람직하지 않습니다. 지금까지 인류는 숱한 경쟁을 통해 발전해 왔으니까요.

그러나 아무래도 1등만 살아남고, 승자만 대접받는 세상은 문제가 있어 보입니다. 금메달 못지않게 은메달과 동메달의 가치도 알아주는 사회가 좀 더 행복하지 않을까요? 나아가 메달을 못 땄더라도 최선을 다한 사람에게는 아낌없이 박수를 쳐 줄 수 있는 사회가 좀 더 아름답지 않을까요?

그날 프로 야구팀의 지명을 받지 못한 학생 선수들은 계속 인생을 살아가야 합니다. 스무 살 안팎의 청년들이 프로 야구 선수가 되지 못했다고 해서 인생을 포기한다면 어리석은 짓이지요. 그러려면 우리 사회가 그들에게 다시 기회를 줘야 합니다. 비록 야구에서는 패자로 남았지만, 또 다른 인생의 길에서는 제 몫을 다할 수 있다는 희망을 심어 줘야 합니다. 프로 야구 선수가 아니더라도 인생에는 의미 있는 일이 다양하게 있으니까요.

주연 혼자 영화를 만들 수는 없어요

영화 〈기생충〉으로 아카데미상을 받은 봉준호 감독
ⓒ Dick Thomas Johnson/ wikimedia commons

 2020년 2월 9일, 대한민국에 기쁜 소식이 들려왔습니다. 우리 영화 〈기생충〉이 미국 아카데미영화제*에서 최우수작품상을 비롯해 감독상과 각본상, 국제영화상을 받았지요. 그것은 아시아 최초의 성과로, 세계 영화 팬들의 찬사를 받았습니다.
 그런데 〈기생충〉을 만든 봉준호 감독이 인터뷰에서 고마운 마음을 전한 사람들이 있습니다. 다름 아닌 배우들과 영화 제작 현장의 스태프*들이지요. 그

---

* 아카데미영화제: 미국 영화 업체와 영화예술아카데미협회에서 주관하는 세계적 영화제.
* 스태프: 영화나 방송 등에서 연기자를 제외하고 제작에 관여하는 모든 사람. '제작진'이라고도 함.

는 훌륭한 시나리오*와 뛰어난 재능을 가진 감독이 있어도, 그것만으로는 영화가 완성되지 않는다는 점을 잘 알았습니다. 감독의 생각을 표현하는 것은 결국 배우이며, 그들의 연기를 화면에 담는 것은 여러 스태프라는 사실을 잊지 않았지요.

몇 해 전 우리나라의 한 영화제에서도 비슷한 일이 있었습니다. 남우주연상을 받은 배우가 "저는 잘 차려진 밥상에 숟가락만 얹었을 뿐입니다."라는 수상 소감을 남겨 큰 박수를 받았지요. 그 역시 자신의 연기를 돋보이게 만들어 준 스태프들에게 진심으로 고마운 마음을 전했습니다. 관객들은 주인공으로 나오는 배우의 멋있는 모습만 보지만, 그 뒤에는 수많은 사람의 땀이 배어 있다는 점을 강조한 것입니다.

어떤 영화든 주연 배우 혼자 연기하는 경우는 없습니다. 짜임새 있게 이야기를 구성하려면 조연들이 등장해야 합니다. 겨우 한두 장면에 나오는 단역배우도 필요하고, '행인 1'처럼 아무 이름 없이 배경 화면 역할을 하는 엑스트라*도 있어야 합니다. 보통 주연 배우는 한두 명이지만 조연 배우는 여러 명이지요. 전투 장면 등을 찍으려면 그보다 훨씬 더 많은 수의 단역배우와 엑스트라가 나와야 합니다.

우리가 살아가는 세상도 그것과 다르지 않습니다. 여러분이 다

---

* 시나리오: 영화를 만들기 위해 쓴 각본.
* 엑스트라: 보조 출연자. 영화나 드라마 등에서 극의 흐름을 도와 보조적인 역할을 하는 연기자.

니는 학교를 생각해 보지요. 하나의 학교에는 많은 구성원이 있습니다. 우선 학생과 선생님을 이야기할 수 있겠네요. 그럼 그들만으로 학교생활이 원활히 돌아갈까요? 그렇지 않습니다. 학교에는 시설 관리를 해 주는 직원을 비롯해 급식실과 보안관실 등에서 일하는 사람들이 있지요. 여러분이 깨끗한 환경에서 공부하도록 매일 학교 곳곳을 청소해 주는 사람들도 있습니다. 만약 그 가운데 몇 사람이 제 역할을 다하지 않으면 학교생활에 불편이 따르게 마련입니다.

한 가지 더 생각해 보겠습니다. 여러분의 학급에는 공부를 잘하는 친구가 있고, 운동에 소질 있는 친구가 있을 겁니다. 노래를 잘하거나 패션 감각이 남다른 친구도 있겠지요. 어떤 친구는 개그맨 흉내를 잘 내고, 또 어떤 친구는 마음씨가 정말 착해서 주위 사람들에게 큰 사랑을 받기도 할 겁니다. 그처럼 다양한 재능을 가진 친구들이 모여 있을수록 학급에는 활력이 넘치는 법이지요.

그 친구들은 영화처럼 주연과 조연으로 구분되지 않습니다. 따로 단역배우가 있는 것도 아닙니다. 왜냐하면 우리는 모두 자신의 인생에서 주인공이기 때문입니다. 각자 가진 재능으로 자신의 삶에 충실하면 누구나 행복해질 수 있습니다.

인생은 성적표처럼 등수가 매겨지지 않습니다. 영화와 달리 모두 동등한 자유와 권리를 갖습니다. 스태프와 같은 삶을 살면서 누구보다 긍지를 느끼고, 학교의 시설 관리를 하면서 보람을 찾

을 수 있습니다. 무엇보다 중요한 것은 자존감입니다. 스스로 자신이 삶의 주인공이라고 믿으며 씩씩하게 살아가면 그만입니다. 우리가 앞으로 어떤 가능성을 펼치게 될지 누가 알겠습니까?

패자를 위해
마음을 여는 사람들

오늘날 대부분의 사람은 경쟁에서 자유롭기 어렵습니다. 성공과 실패를 반복하며 일생을 보내기 십상이지요. 1등이 되려고, 주연이 되려고, 절대 꼴찌의 수모는 겪지 않으려고 발버둥 칩니다. 남보다 더 빛나고 싶어 안절부절못합니다.

하지만 인간의 마음이 그런 것으로만 채워져 있지는 않습니다. 경쟁에서 승자가 되려고 하기보다 조용히 사랑을 실천하며 살아가는 사람들도 많습니다. 그들은 치열한 경쟁에서 낙오된 이웃을 격려하며, 모든 사회 구성원이 함께 행복할 수 있는 사회를 꿈꿉니다. 그처럼 선량한 시민들 덕분에 이 세상은 여전히 따뜻함을 잃지 않습니다.

서울시 동대문구에 '다일천사병원'이 있습니다. 이 병원은 처음 문을 열 때부터 사람들에게 대단한 화젯거리였지요. 우리가 생각하는 여느 병원들과 여러모로 달랐기 때문입니다.

다일천사병원은 1996년에 설립이 계획되었습니다. 그 뒤 몇 년에 걸친 모금과 공사 끝에 2002년 10월 문을 열었지요. 30여 개의 병상과 12개의 진료 과를 갖춘 꽤 번듯한 병원이었습니다.

그런데 놀라운 점은 다일천사병원이 평범한 이웃들의 힘으로 세워졌다는 사실입니다. 가장 먼저 가난하고 소외된 이웃들이 스스로 돈을 모아 가져왔지요. 비록 얼마 되지 않는 금액이었지만, 그 모습을 지켜본 사람들은 감동했습니다. 가난하고 소외당한 이들이 자신보다 더 불우한 누군가를 위해 선뜻 선행을 베풀었으니까요.

작은 기적은 곧 더 큰 기적을 낳기 시작했습니다. 다일천사병원을 여는 데 도움이 되겠다며, 한 사람이 100만 원씩 후원금을 내는 '천사 운동'이 일어났거든요. 이 운동으로 아름다운 마음씨를 가진 1004명의 사람이 100만 원씩 후원금을 냈습니다. 그렇게 모금된 돈은 전부 병원 공사비로 쓰였지요.

그것으로 끝이 아니었습니다. 그다음에는 '만사 운동'이 벌어졌습니다. 한 사람이 1만 원씩 후원해 병원 운영비를 마련했지요. 이 운동은 지금도 계속되고 있습니다. 수만 명에 달하는 후원자들 덕분에 다일천사병원은 여전히 무료 진료를 하지요. 후원자들은 경쟁에서 밀려난 우리 사회의 패자들을 위해 기꺼이 따뜻한 마음을 나누고 있습니다.

여러분, 세상에 이런 병원이 있다니 선뜻 믿어지지 않지요?

오늘도 다일천사병원에서는 뜻있는 의사와 간호사들이 자원봉사를 하고 있습니다. 청소 같은 궂은일도 모두 자원봉사자들이 내 집 일처럼 해내지요. 그 덕분에 노숙자나 외국인 노동자, 집도 가족도 없이 떠돌다 병든 사람들이 무료로 병원을 이용할 수 있습니다.

어느 면에서 보면 인간은 매우 이기적인 존재입니다. 남들과 경쟁해서 이겨 자기가 좋은 것을 독차지하고 싶어 하지요. 그런 다음에도 욕심은 좀처럼 사그라지지 않습니다. 프로 야구팀에 지명받지 못한 선수나 영화판의 엑스트라는 다른 사람들에게 주목받지 못합니다. 하물며 경쟁에서 완전히 낙오된 노숙자 같은 신세라면 무시당하기 일쑤입니다.

그런데 다행히 인간에게는 '공감 능력'이 있습니다. 다른 사람이 안타까운 일을 당하면 같이 슬픔을 느끼고 동정심을 발휘하지요. 다일천사병원에 힘을 보탠 수많은 사람처럼 말입니다. 그런 마음은 인류의 미래를 긍정적으로 바라보게 합니다. 비록 경쟁에서 승리하지 못하더라도 우리 사회에서 충분히 의미 있는 삶을 살아갈 수 있으리라는 믿음을 갖게 합니다.

한 걸음 더 ①

사회복지가 필요해

그동안 우리나라는 앞만 보고 달리느라 미처 신경 쓰지 못한 것이 많았습니다. 그 가운데 하나가 사회복지 문제입니다.

사회복지란, 국가가 국민의 삶을 꼼꼼히 돌봐 안심하고 생활할 수 있는 환경을 만드는 것입니다. 가족이 없어도, 아이를 낳아도, 몸이 아프거나 늙어서도 큰 걱정 없이 살게 돕는 것이지요. 또한 경제적 어려움을 겪거나 장애를 가진 사람들도 함께 어울려 살아가는 사회를 만드는 것입니다. 그러므로 최근 들어 우리나라가 사회복지를 중요하게 생각하는 것은 바람직한 변화입니다. 아직 국가적으로 해결해야 할 문제가 많지만, 사회복지 역시 더는 뒤로 미룰 수 없습니다.

현재 우리나라의 1년 예산은 2020년 기준으로 500조 원이 넘습니다. 그중 사회복지를 중심으로 의료·보건과 노동 분야에 쓰이는 돈은 180조 원에 달하지요. 사회복지와 관련된 예산은 지난 20년 동안 국가 예산이 사용되는 여러 분야 가운데 가장 빠른 증가율을 보였습니다. 그래서 적지 않은 사람들이 걱정하는 목소리를 내기도 하지요. 경제 개발과 교육, 국방 등을 위해 써야 하는 돈도 많은데 사회복지 예산만 너무 빨리 늘어나면 안 된다는 것입니다. 그 또한 귀 기울일 만한 지적이라, 정부와 국회가 예산을 결정할 때는 좀 더 깊이 고민해야 합니다.

그럼에도 사회복지 예산은 계속 늘려 갈 필요가 있습니다. 그것은 대부분 사회적 약자들의 생활을 돕는 데 쓰이지요. 질병으로 고통받는 국민을 치료하고, 직장을 잃은 사람들에게 얼마 동안 실업급여를 줍니다. 가난한 사람들이 큰돈 없이 들어가 살 수 있는 임대 주택을 짓기도 하고요.

부강한 국가! 행복한 사회! 이제 대한민국은 두 가지 중 어느 것 하나 포기할 수 없습니다.

한 걸음 더 ②

경쟁에는 피도 눈물도 없다고?

　인간의 경쟁 심리를 잘 드러내는 것이 운동 경기입니다. 운동선수들은 승리를 갈망하며 오랜 시간 힘든 훈련을 이겨 내지요. 경기에 나서서는 절대 물러서지 않겠다는 각오로 상대에 맞섭니다. 승리를 위해서라면 어떤 대가도 기꺼이 치르겠다고 다짐하지요.

　그런데 얼마 전 미국의 한 마라톤 대회에서 믿기 어려운 일이 일어났습니다. 경기가 막바지에 다다를 무렵이었지요. 선두로 달리던 선수가 갑자기 다리에 힘이 풀린 듯 휘청거리더니 바닥에 주저앉았습니다. 그렇게 되면 걷는 데도 통증이 느껴지기 때문에 1위로 결승선을 통과하는 것은 포기해야 했지요.

　그런데 그때 뜻밖의 장면이 펼쳐졌습니다. 2위로 달려오던 선수가 1위 선수를 일으켜 세우더니 온몸으로 부축해 함께 걷는 것이 아니겠습니까. 그냥 신경 쓰지 않고 내달리면 역전 우승이 가능한데 말입니다. 그렇게 하더라도 그를 비난할 사람은 아무도 없었습니다. 반칙하거나 규정을 어기는 것이 아니니까요.

　더욱 놀라운 상황은 그다음에 벌어졌습니다. 결승선에 다다르자, 2위로 달려왔던 선수가 자신이 부축한 선수의 몸을 밀어 먼저 우승 테이프를 끊게 한 것입니다. 그리고 뒤이어 2위로 결승선을 지나더니 운동장에 털썩 주저앉았습니다. 너무 힘들어 가쁜 숨을 내쉬었지만 표정만큼은 한없이 평온해 보였지요.

잠시 뒤, 그날의 우승자가 인터뷰에서 깜짝 놀랄 사연을 밝혔습니다. 자기가 쓰러졌을 때 2위 선수가 다가와 "당신은 우승할 자격이 있어요. 지금까지 잘해 왔으니까 조금만 더 힘을 내요."라고 말하더라는 겁니다. 그리고

미국 마라톤 대회에서 2위 선수가 쓰러졌던 1위 선수를 일으켜 세우고 부축해서 우승 테이프를 끊게 도와주는 모습
ⓒ BMW Dallas Marathon

는 결승선 앞에서 자기를 먼저 들여보낸 뒤 진심 어린 축하를 건넸다고 했지요. 2위 입상자는 우승자의 뛰어난 실력을 인정해, 돌발 사태를 기회로 1위의 영광을 빼앗고 싶지 않았던 것입니다. 흔히 피도 눈물도 없는 경쟁이라고 말하지만 인간의 어떤 마음은 그보다 훨씬 아름답습니다.

타인과 나

서로 양보하지 않으면,
인간은 사회 속에서 함께할 수 없다.

_ 새뮤얼 존슨

개인을 존중하는 사회로 나아가기

　'혼밥'이라는 신조어가 널리 쓰이고 있습니다. '혼자 먹는 밥'이라는 뜻이지요. 이 용어에 대해 곰곰이 생각해 보면 두 가지 사회 변화를 확인할 수 있습니다.

　그중 하나는 점점 삭막해져 가는 현대 사회의 모습입니다. 우리는 타인과 진심으로 소통하는 것이 얼마나 어려운 일인지 깨닫고는 합니다. 서로 자신의 이익을 좇는 인간관계는 넓어졌지만, 고민을 나누며 위로를 주고받는 경우는 줄어들었지요. 그러다 보니 직장과 학교에서 타인과 좋은 관계를 맺기 위해 노력하는 것이 버거울 때가 많습니다.

　요즘은 여럿이 모여 밥을 먹어도 어떤 목적을 갖기 십상입니다. 그런 사람들끼리는 같은 식탁에 앉아 함께 웃어도 마음 한구석이 영 불편합니다. 그래서 차라리 밥이라도 맘 편히 먹자는 생각을 하게 되는지 모릅니다. 혼밥이 외롭기는 하지만, 쓸데없이 타인을 신경 쓰지 않아도 되니까요. 결국 그와 같은 변화에는 갈수록 인정이 메말라 가는 우리 사회의 안타까운 현실이 담겨 있습니다.

또한 혼밥이란 용어에서 '개인주의'로 나아가는 사회의 모습을 읽을 수 있습니다. 우리 사회는 그동안 개인의 가치보다 공동체의 질서를 중요하게 생각해 왔지요. 나의 의견을 내세우기보다는 학교와 직장의 결정을 따라야 했습니다. 집안에서도 개인의 상황과 판단을 헤아리기보다는 어른들의 말을 일방적으로 지켜야 할 때가 많았습니다. 때로는 전통과 관습이라는 이유를 내세워 개인의 희생을 강요하기도 했고요. 그런 사회는 내용 없는 형식에 매달려 개인을 무시하기 일쑤입니다.

그런 사실에 비춰 보면 혼밥의 유행에 긍정적인 면이 있습니다. 혼자 먹는 밥상은 오로지 자기 자신을 위한 음식으로 차려질 테니까요. 그것은 집단을 위해 자신의 취향을 억누르지 않아도 되는 개인주의를 상징합니다. 여러분이 오해할까 봐 덧붙이는데, 개인주의는 절대 나쁜 것이 아닙니다. '이기주의'와 헷갈리면 안 되지요. 이기주의는 자신의 이익만 좇으며 다른 사람들을 배려하지 않는 태도입니다. 그와 달리 개인주의는 타인의 자유와 권리를 자신의 그것만큼 존중하지요. 다만 집단의 이익을 위해 개인의 가치가 가볍게 다루어지는 것에 반대할 따름입니다.

인류는 오랫동안 전체주의 문화를 받아들여야 했습니다. 전체주의는 개인이 국가와 민족을 위해 존재한다고 주장하지요. 그런 가치관이 일상생활에 적용되면, 개인이 집안과 사회의 구성원으로서 해야 하는 역할을 지나치게 강조하게 됩니다.

물론 개인이 집안과 사회 같은 공동체의 발전을 위해 노력하는 자세는 필요합니다. 저마다 이기심만 좇는다면 공동체가 유지될 수 없으니까요. 하지만 공동체의 지속적인 유지와 발전을 위해서도 개인의 가치는 소중하게 보호받아야 합니다. 그래야만 개인이 성장해 자신의 재능으로 공동체에 기여할 수 있지요.

　우리는 "국가가 있어야 내가 있다."라고 말하는 사람들을 종종 봅니다. "사회가 발전하려면 개인이 희생할 줄 알아야지."라거나, "집안이 있어서 네가 있는 거야."라는 이야기를 들을 때도 있습니다. 모두 틀린 말이 아닙니다. 우리는 역사를 통해 나라 잃은 국민의 아픔을 잘 알고 있으니까요. 개인의 이기심이 다른 사람들에게 피해를 주는 경우가 흔한 것도 모르지 않습니다. 자신의 집안과 조상을 기리는 것은 사람의 도리이기도 하지요.

　그런데 이렇게 생각해 보면 어떨까요? 국민이 개인으로서 자유와 권리를 충분히 존중받으면 자기 나라를 더욱 사랑하게 된다고 말입니다. 또한 사회의 발전은 결국 개인의 행복을 위해 필요한 것이라고 이야기할 수 있습니다. 개인의 의견과 결정에 귀 기울일 줄 아는 집안이 진정 화목해질 수 있기도 하고요.

이기심에 빠질까 조심,
또 조심해야지요

지난날과 비교해 오늘날 우리 사회는 개인의 가치를 매우 중요하게 생각합니다. 아직 개인을 존중하지 않는 문화가 사회 곳곳에 남아 있기는 해도 앞으로 나아질 것이라는 희망을 품을 만하지요. 그런데 그와 같은 변화가 부작용을 낳을 때가 있습니다. 개인주의가 이기주의로 변질되고, 그것이 한 걸음 더 나아가 '집단 이기주의'의 모습까지 띠지요.

우리는 매일 엄청난 양의 쓰레기를 쏟아 냅니다. 며칠만 치우지 않아도 대한민국이 온통 쓰레기에 뒤덮여 악취가 진동하겠지요. 그러니 부지런히 쓰레기를 치우고, 깨끗하게 처리해야 합니다. 그런데 만약 여러분이 사는 동네에 쓰레기 처리장이 들어선다면 어떻겠어요?

누구나 쓰레기 처리장이 필요하다는 사실에는 동의합니다. 모두 청결한 환경에서 살고 싶어 하니까요. 하지만 더러운 쓰레기를 처리하는 시설이 자기 동네에 들어선다는 데 선뜻 찬성할 사람은 많지 않을 것입니다. 어떤 사람들은 다른 동네에 쓰레기 처리장을 만들라며 시위를 벌일지도 모르겠네요.

이렇듯 요즘은 나쁜 이미지를 주는 시설이 자기 동네에 들어선 다면 무조건 반대하는 경우가 많습니다. 이를테면 마약 치료 센터, 산업 폐기물 처리장, 교도소 같은 것들 말입니다. 그런 시설은 건강에 악영향을 끼치거나 주변 환경을 망가뜨려 자신들의 삶에 손해를 입힌다고 생각합니다.

"산업 폐기물 처리장이 들어서면 공기가 오염될 게 뻔해. 왜 우리 동네가 그런 피해를 봐야 하지?"

"마약 중독자들을 우리 동네에서 치료하겠다고? 그 사람들이 끔찍한 범죄라도 저지르면 어떻게 책임질 건데? 게다가 그런 시설이 있으면 집값도 떨어져."

이렇게 말하는 사람들 역시 그와 같은 시설이 필요하다는 데는 공감합니다. 다만 내가 사는 동네에는 절대 안 된다는 이야기지요. 이것이 바로 '님비 현상'입니다. 동네 사람들의 집단 이기주의가 겉으로 드러나는 것입니다.

하나의 사례를 더 들어 보겠습니다. 다음은 신문에 실린 기사 내용입니다.

News

우리나라는 이미 화장률*이 매장률*을 훌쩍 앞질렀다. 그런데 화장

---

* 화장률: 시신을 불로 태워 장례 치르는 비율.
* 매장률: 시신을 땅에 묻어 장례 치르는 비율.

> 시설이 절대적으로 부족하다. 화장장을 건립하기로 계획한 지역마다 주민들의 극심한 반대에 부딪히는 것이다. 일부 주민들은 법원에 소송*까지 준비하고 있다.

이 기사에서 알 수 있듯, 요즘은 국가에 꼭 필요한 시설조차 만들 곳이 마땅치 않습니다. 님비 현상이 갈수록 심해지기 때문입니다. 그럼 어떻게 해야 좋을까요?

자기 동네에 쓰레기 처리장이나 화장장이 들어오는 것을 꺼리는 마음은 누구나 똑같습니다. 그럼에도 사회적으로 필요한 시설은 어딘가에 반드시 만들어야 하지요. 그러기 위해서는 해당 동네의 주민들을 설득하려는 노력이 가장 중요합니다. 설령 시간이 걸리더라도 주민들을 만나 의견을 듣고, 때로는 그에 걸맞은 보상도 해 줘야 합니다.

참고로, 님비 현상과 다른 의미로 '임피 현상(또는 핌피 현상이라고도 함)'이 있습니다. 이것은 자기 동네에 이익이 되는 시설이 들어서도록 너도나도 발 벗고 나서는 것입니다. 님비 현상이 "우리 뒷마당에는 절대 안 돼!"라고 말하는 것이라면, 임피 현상은 "제발 우리 앞마당에!"라며 간절히 호소하는 것이지요.

---

* 소송: 어떤 일의 법적 책임을 따지기 위해 법원에 판결을 신청하는 것.

여러분, 사람들의 이기심이 어처구니없지요? 좋은 것은 내게 주고 나쁜 것은 남에게 주라니 그야말로 양심 불량입니다. 이기심은 분명 인간의 본능이지만, 그것을 통제하는 능력도 인간에게 있다는 사실을 우리는 명심해야 합니다.

'나'와 '타인'이 조화를 이루는 사회

2020년, 전 세계는 큰 혼란에 휩싸였습니다. '코로나바이러스감염증'이 널리 퍼져 숱한 사람들이 목숨을 잃었지요. 우리나라 역시 예외가 아니었습니다. 다른 나라들에 비해 피해 규모는 작았지만 사회적 충격이 엄청났지요.

그런데 코로나바이러스감염증 사태는 인간의 공동체 의식을 확인하는 기회가 되기도 했습니다. 평소 한없이 이기적인 것 같았던 사람들이 타인을 위해 자신을 희생하는 모습을 보였거든요. 그것은 인간만이 할 수 있는 사랑과 배려의 실천이었습니다.

우리나라의 경우 가장 피해가 심각했던 지역 중 하나가 대구광역시였습니다. 처음에는 사태가 진정될 기미가 도무지 보이지 않았지요. 그때 전국의 의료진들이 대구로 향했습니다. 정부의 지시로 파견된 의사와 간호사도 있었지만, 많은 의료진이 자발적으로 참여한 것입니다. 그들 중에는 개인 병원을 운영하는 의사들도 있었는데 자신의 생계를 접으면서까지 대구로 달려갔습니다. 자칫 바이러스에 감염될까 봐 누구나 꺼리는 그곳에 스스로 자원한 간호사도 아주 많았습니다. 또한 각 지방자치단체들은 대구 지역 환자들을 위해 자기 고장의 병실을 내주었습니다. 전국이 코로나바이러스감염증 공포에 휩싸인 상황에서, 그것은 절대 쉬운 결정이 아니었습니다.

우리는 여러 차례 인간의 이기심에 관해 이야기했습니다. 님비 현상으로 드러난 집단 이기주의의 모습도 살펴봤고요. 그런데 인간에게는 또 다른 본성*이 감춰져 있었습니다. 자신의 위험을 무릅쓰면서까지 타인을 이롭게 할 줄 아는 '이타심'이 그것이지요.

우리나라는 바로 이타심 덕분에 코로나바이러스감염증 사태의 피해를 그나마 줄일 수 있었습니다. 당시 코로나바이러스감염증 의심 증세를 느낀 한 노인은 10층에 있는 자신의 아파트에서 계단을 통해 밖으로 나왔지요. 그는 마스크를 쓰고도 일부러 대중교통을 이용하지 않은 채 한 시간이나 걸어 보건소로 향했습니다. 보건소로 가는 지름길이 있었지만, 다른 사람들과 접촉을 줄이느라 먼 길을 돌아갔지요. 그 노인처럼 타인의 안전을 생각하며 기꺼이 자신의 수고를 마다하지 않은 사람은 일일이 헤아리기 어려울 만큼 많았습니다.

코로나바이러스감염증 사태로 확인한 우리나라 국민의 공동체 의식은 훌륭했습니다. 자신과 타인을 위해 마스크를 썼고, 정부를 믿고 따르며 사재기* 같은 행동을 하지 않았거든요. 앞서 이야

---

* 본성 : 사람이 본래 가진 성질.
* 사재기 : 상품이 부족하거나 가격이 오를 것에 대비해 필요 이상으로 잔뜩 사들이는 것.

기했듯, 대한민국은 이제 개인의 가치를 존중할 줄 아는 사회로 바뀌어 가고 있습니다. 그런 변화에 더해 바람직한 공동체 의식까지 갖춘 사회라면 모든 구성원이 행복한 삶을 살 기회를 얻게 되지요. 그야말로 누구나 인정할 만한 선진 사회, 선진 국가가 되는 것입니다.

  나와 타인이 조화를 이루는 아름다운 사회를 만드는 방법은 특별하지 않습니다. 먼저 집단을 앞세워 개인을 소홀히 여기지 않아야 합니다. 국가와 회사, 학교, 집안이 발전해도 개인이 행복하지 않다면 아름다운 사회가 될 수 없습니다. 또한 개인은 공동체를 위해 이기심을 자제할 줄 알아야 합니다. 일상생활에서 타인을 배려하는 마음을 갖는 것도 중요합니다. 우리는 "고맙습니다.", "실례합니다.", "미안합니다." 같은 말을 하는 데 인색합니다. 타인의 친절에 감사해하고, 어쩔 수 없이 다른 사람에게 폐를 끼치는 상황이면 정중히 양해를 구해야 합니다. 그런 사회는 서로 이기심을 내세우며 다투지 않습니다. 우리는 충분히 나와 타인이 조화를 이루는 아름다운 사회에서 살아갈 수 있습니다.

한 걸음 더 ①

다시 한번 생각해 볼까?

　얼마 전, 경기도 한 도시의 시장이 깜짝 제안을 해 눈길을 끌었습니다. 다른 고장에서 손사래 치는 화장장과 쓰레기 처리장을 짓겠다며 스스로 나선 것이지요. 그런데 그 제안에는 조건이 있었습니다.

　"우리 고장은 그동안 이렇다 할 개발이 이루어지지 않았습니다. 이번에 화장장과 쓰레기 처리장을 건립하겠으니, 그 대신 정부와 경기도에서 지원을 대폭 늘려 주기 바랍니다. 전철을 놓아 주고 쓰레기 처리에 대한 보상을 해 달라는 말입니다."

　시장의 판단에 대해 시민들은 찬성과 반대로 엇갈렸습니다. 한쪽은 시의 발전을 위해 바람직한 선택이라며 받아들였는데, 다른 한쪽은 아무리 그래도 화장장과 쓰레기 처리장은 안 된다는 의견을 내놓았지요.

　시장은 자신의 계획에 반대하는 사람들을 설득할 수 있다고 자신했습니다. 쓰레기 처리로 받게 될 보상을 모두 시민들의 복지를 위해 사용할 생각이었거든요. 또한 시에 기업을 유치하고, 시민들이 장사하는 상가를 발전시키겠다는 계획도 갖고 있었습니다. 시장이 화장장과 쓰레기 처리장을 짓는 대가로 시민의 삶을 개선하겠다는 강한 의지를 내보인 것입니다.

이처럼 요즘은 님비 현상에서 벗어나 자기 고장의 실질적인 발전을 이루려는 지방자치단체가 제법 나타나고 있습니다. 어느 면에서는 임피 현상의 변화된 모습이라고 볼 수 있지요. 그럼에도 나라에 꼭 필요한 시설이 큰 충돌 없이 세워진다는 점에서는 다행입니다. 또한 그와 같은 기회에 낙후됐던 고장의 생활환경이 나아지는 것도 긍정적이지요. 이런 것을 두고 일거양득, '꿩 먹고 알 먹는다.'라고 할까요?

'다수결의 원칙'은 항상 옳을까?

"오늘 점심 메뉴를 스파게티로 할지, 돈가스로 할지 다수결로 정하자. 자, 먼저 스파게티에 찬성하는 사람부터 손 들어 봐."

이렇듯 사람들의 의견이 엇갈릴 때 자주 사용되는 것이 다수결의 원칙입니다. 좀 더 많은 사람이 찬성하는 쪽으로 결론을 내리는 것이지요. 다수결의 원칙은 민주주의의 기본 정신이라고 할 수 있습니다. 대통령을 뽑는 선거도 결국 다수결의 원칙을 따르는 것입니다.

하지만 다수결의 원칙이 언제나 옳은 것은 아닙니다.

예를 들어, 100명 중 55명이 전쟁을 주장하고 45명이 평화를 원한다며 섣불리 전쟁을 일으킬 수는 없습니다. 이 경우 전쟁을 반대하는 45명의 선택을 받아들여 신중하게 접근하는 편이 미래를 위해 더 바람직할 확률이 높지요. 아무래도 전쟁을 지지하는 쪽은 감정에 휩싸였을 가능성이 크니까요.

전쟁 같은 극단적인 상황이 아니더라도 다수결의 원칙이 항상 옳은 것은 아닙니다. 100명 중 90명이 지지한 정책이 나중에는 국민을 불행하게 만드는 경우가 있기 때문이지요. 오히려 소수의 판단이 국민의 행복을 위해 더 객관적이고 이성적일 때가 있는 것입니다. 특히 그 소수가 해당 분야의 전문가라면, 다수의 사람이 내린 결정에 대해 좀 더 깊이 생각해 봐야 합니다. 더 많은 사람이 선택한 것이라고 해서 정답은 아니니까요.

그러므로 우리는 민주주의 정신에 따라 다수결의 원칙을 지키면서도 소수의 의견에 귀 기울여야 합니다. 어떤 갈등이 있을 때는 토론과 설득의 과정이 꼭 필요하지요. 단지 숫자가 적다고 해서 쉽게 무시해 버린다면, 그 사회는 잘못된 선택으로 뼈아픈 대가를 치러야 할지 모릅니다.

우리 사회를 바라보는 올바른 시선 1
갈등은 왜 생길까?

초판 1쇄 인쇄 2021년 8월 12일
초판 1쇄 발행 2021년 8월 20일

지은이 조항록

펴낸이 김연홍
펴낸곳 주니어 아라크네

출판등록 1999년 10월 12일 제2-2945호
주소 서울시 마포구 성미산로 187 아라크네빌딩 5층(연남동)
전화 02-334-3887   **팩스** 02-334-2068

ISBN 979-11-5774-700-9 74330

※ 잘못된 책은 바꾸어 드립니다.
※ 값은 뒤표지에 있습니다.